イラ...
合格にゼッタイ必要な
600単語＋イディオム200

英検®準2級

必ず☆でる単
スピードマスター

合格英単語
800
＋
派生語
反意語

植田一三 監修
Ueda Ichizo

藤井めぐみ　　川本美和　　上田敏子　著
Fujii Megumi　　Kawamoto Miwa　　Ueda Toshiana

Jリサーチ出版

はじめに ～英検準2級受験者へのメッセージ～

　日本では2022年から、全国の高校の国語・英語のカリキュラムに**「論理国語」「論理・表現」**が加わることとなりました。論理的スピーキング・ライティングのトレーニングを通して、物事を多面的にとらえ、多様な論点や異なる価値観を考慮しながら、論拠を明確に示し、自分の意見を述べたり、反論したり、反対者を説得したりするためのクリティカルシンキング力の育成を重視する流れが生まれています。とりわけ英語の授業では、グローバル時代に対応するために、実社会や実生活の問題の中から自ら課題を発見し、英語のスピーチ、プレゼンテーション、ディベート、ディスカッションなどを実践することで、クリティカルシンキング力と表現力を高めることが最重要目標に据えられています。また、習得すべき語彙数も、中学では1600〜1800語（旧課程では1200語）、高校では4000〜5000語（旧課程では3000語）となり、それらを使った発信力と表現力が重視されるようになってきました。

　そこで本書は、こういった状況に対応すべく、**英検準2級に合格する**と同時に、**新カリキュラムで定められている語彙力と発信力を一気にUPさせる**ために次のような趣向を凝らして制作されました。

1. 単語をイメージでとらえ、暗記速度と定着率を効果的に UP させる著者制作のイラストを掲載！

2. 英検準2級頻出ランクトップから600語を厳選し、頻度順に「英検準2級合格の基礎力を固める最重要語200」、「英検準2級合格必須単語200」、「英検準2級合格を確実にする重要単語200」と段階を追って学習できる配列になっています。さらに、「英検準2級合格必須動詞イディオム」、「英検準2級合格必須イディオム

100」も加えた構成となっています。目標は 1 日およそ 28 ～ 29 語を習得、4 週間完成とし、100 語ごとに習得確認テストを設けて、英単語を着実に覚えられるように工夫しました。

3. 読解やリスニングですぐに意味がわかるべき語彙と、ライティングやスピーキングで必須の語彙を効率よく増強できるように、重要で覚えやすいフレーズを用意しました。

4. 読解・リスニング・ライティング・スピーキングのどのセクションで狙われやすい語かを、**V**・**R**・**L**・**W**・**S** のマークを付けることで示しました。これによって、各語は語彙問題で知っておくべき語か、英文の中で意味がわかるだけでいい語か、リスニングで聞き取って意味が即座にわからなければならない語か、英作文で使えないといけない語か、スピーキングで使えなければならない語かがわかり、効率よく英語の受信力・発信力を UP することができます。

5. それぞれの単語が覚えやすいように、覚え方のコツを記しました。

　本書の制作にあたり、惜しみない努力をしてくれたアクエアリーズ出版スタッフの藤井めぐみ氏、川本美和氏、上田敏子氏、内田俊氏（執筆協力）とわれわれの努力の結晶である著書を愛読してくださる読者の皆さんには、心からお礼を申し上げます。それでは明日に向かって英悟の道を

Let's enjoy the process!
（陽は必ず昇る）

植田 一三

3

CONTENTS

学習プラン
本書を使った超効果的語彙力 UP 法！

ポイント1 おすすめの学習ペース！

　英単語は、一般の高校生は、毎週あるいは毎日コツコツ覚えて、1年間で約1500語、3年間で4000～5000語を習得することになっています。本書では、**1日におよそ28～29語を習得、1週間で200語、計4週間で一気に800語をマスター**するように区分されていますが、これは語彙力がある程度ある人の場合で、実力が英検3級に近い人や、このペースがきつ過ぎる場合は、**1日に20語を覚え、40日＋復習期間10日間＝50日間完成**でマスターしてください。また、100個ごとに**Review Quiz(習得確認テスト)**を設けていますので、**合格ラインの80%正解**突破を目指してください。

ポイント2 フレーズや例文でさらに効率アップ！

　リーディングやリスニングで「**英→日**」、つまりすぐに意味を理解する必要がある語彙と、ライティングやスピーキングで「**日→英**」、つまり発信できる語彙を効率よく増強できるように、重要で覚えやすいフレーズを用意しました。音声を聞きながら、必ず**年の数だけフレーズを音読**して下さい。ボキャブラリーは**五感をすべて使って**体に染みつけましょう。

ポイント3 セクションごとに攻める！

読解・リスニング・ライティング・スピーキングのどのセクションで
狙われやすい語かを **Ⓥ・Ⓡ・Ⓛ・Ⓦ・Ⓢ** のマークを付けることによって、
一目でわかるようにしました。

- **Ⓥ**は大問1の**語彙問題**で頻出の語です。同じ語が繰り返し出ています
  ので、しっかり覚えましょう。

- **Ⓡ**は**英文読解**の中で頻出の語で、その単語の大体の意味がわかれば
  OKです。

- **Ⓛ**は**リスニング**の放送で聞き取り、意味が即座にわからなければなら
  ない語です。活字ではなく音で聞いても即座に意味が分かるように、
  音声を聞いて正しく発音し、きっちり覚えましょう。

- **Ⓦ**は**英作文**で使えないといけない語です。

- **Ⓢ**は**スピーキング**で使えなければならない語です。**Ⓢ**や**Ⓦ**の見出し
  語は、その単語を書きながら、そのフレーズを何度も音読し、運用語
  彙（ライティングやスピーキングで使える語彙）になるように意識的
  努力をしましょう。

ポイント4 ヒントとイラストで単語のイメージをつかむ！

各単語を覚える際の**ヒント**や**語呂合わせの記憶術**、**注意すべき語法**も
ぜひ参考にしてください。また**イラスト**を見て、その**シーンと単語を直
感的に結び付けて**ください。この**イメージ記憶**で単語の定着を効率よく
進めることができます！

本書の利用法

赤シートを使うと赤字が消えます。
覚えたかどうかを確認しましょう。

**見出し語／発音記号／ジャンルの
マーク**
V R L W S マークで、その見出し
語がどのセクションで狙われるか
がひと目でわかる＆学習の方向性
が即決できます。発音はアメリカ
英語の代表的な発音を Jones 式を
ベースに表記しました。

意味／派生語／反意語／関連語
単語のニュアンスもしっかり身に
付けられるように、見出し語の意
味を過不足なく掲載しています。
意味の下に置かれているのは派生
語・反意語です。まとめて覚えてし
まいましょう！

英検準2級合格の基礎力を固める最重要語200！①

1 ability
[əbíləti]　**V R L W**
名 能力；才能
able **形** 可能な；有能な

Ryan has a special <u>ability</u> to jump very high.
ライアンはとても高く跳ぶ特別な能力がある。

be able to ～（～することができる）は
使いこなせるように！

2 accept
[æksépt]　**V R L W S**
動 受け入れる、認める
acceptance **名** 承諾
acceptable **形** 受け入れることができる

I will <u>accept</u> the job offer.
私はその仕事の申し入れを受け入れます。

簡単に言うと receive や admit など

3 accident
[æks(i)dənt]　**V L S**
名 事故；不慮の出来事

Betty was injured in a car <u>accident</u> last month.
ベティは先月、自動車事故でけがをした。

by accident（偶然に）は頻出熟語

14

チェック欄
その単語を覚えたかどうかをチェック
するのに利用してください。

8

You are here!

You are here!
学習者が 800 語という道のりの
どこにいるかを示します。自分の
立ち位置がイメージできます。

音声マーク
DL 音声のトラック番号です。ぜ
ひ音声もフル活用して単語を身
に付けましょう！

スケジュール
Week 1-4 を表示します。「4 週
間完成」はスピードマスターの
スケジュールです。このペース
が速すぎると感じる人や 3 級に
近い人は、1 日に習得する語数
を自分で設定し、無理なく進め
ていってください。

You are here! ▶ | | 200 | | 400 | | 600 | | 800 |

Week 1

4 advise
[ədváiz] **V L S**

動 忠告する；勧める
advise 名 アドバイス；忠告

①

I advised Tom to see a doctor.
トムに医者に診てもらうように勧めた。

🔹 follow (take) one's advice で
「〜のアドバイスに従う」

5 allow
[əláu] **V R L B 熟**

動 許す；許可する

My parents allowed me to go to the party.
両親はそのパーティに行くことを認めてくれた。

🔹 No pets are allowed.（ペットは禁止です）
のように受動形で使うことも多い

6 borrow
[bɔ́rou] **V R L S**

動 借りる；借用する

Can I borrow your pencil?
鉛筆を借りてもいいですか？

🔹 rent はレンタカーのようにお金を払って
借りるが、borrow は無料で借りる

15

センテンスで覚えよう！
英検準 2 級を想定した例文で
す。単語の用法をつかみながら、
読んだり聞いたりしましょう。
赤シートを使うと日本語訳の該
当部分が消えます。

ワンポイント解説
どの単語にも覚え方のコツや知っておくと役立つ情報
を書いていますので、ぜひ参考にしてください。

Week 4 は見開き構成
イディオムのパートでは、見開きの左ページに見出しのイディオムと訳を、右ページに例文とワンポイント解説を掲載しています。例文中の見出し語が赤字になっていますので、赤シートを使って日本語訳の下線部分を見て英語を言ってみる、アウトプットトレーニングに最適です。

英検準2級合格必須 動詞イディオム100

have

601	have A in common (with B) Ⓥ	Aを(Bと)共通に持つ
602	have ~ in mind Ⓥ Ⓛ	~を考えている
603	have a headache Ⓥ Ⓛ Ⓢ	頭痛がある
604	have no idea Ⓥ Ⓡ Ⓛ Ⓢ	まったく分からない
605	have trouble [difficulty] ~ing Ⓥ Ⓛ Ⓢ	~するのに苦労する
606	have nothing to do with ~ Ⓥ Ⓛ	~と何も関係がない

234

12 問× 8 セットの Review Quiz
ユニットごとにReview Quizに挑戦できます。単語・イディオムが本当に身に付いたか確認しましょう。合格ライン85%＝ 11 問以上正解を目指しましょう。届かなかったらもう一度、そのユニット全体を学び直しましょう！

12 **Outstanding!**
英検準 2 級余裕合格レベル

11 **Excellent!**
英検準 2 級合格レベル

10 **Very good!**

8-9 **Good**
英検準 2 級はもう一息！

7 **Fair**
ボキャビルに気合を入れて頑張りましょう

＼ Review Quiz 1 ／
日本語に合うように、空所に英単語を入れましょう。

1. 今日、化学の実験を行った。
   We carried out a chemistry ＿＿＿＿＿＿＿＿ today.
2. 原油価格は上昇し続けた。
   Oil prices ＿＿＿＿＿＿＿ to rise.
3. 電車で女の子が私に席を譲ってくれた。
   A girl ＿＿＿＿＿＿＿ me her seat on the train.
4. 我々のチームは難しい状況に直面した。
   Our team faced a difficult ＿＿＿＿＿＿＿.
5. 両親はパーティーに行くことを認めてくれた。
   My parents ＿＿＿＿＿＿＿ me to go to the party.
6. 私は、特に地理に興味をもっている。
   I am interested in geography in ＿＿＿＿＿＿＿.
7. ベルは電話を発明した。
   Bell ＿＿＿＿＿＿＿ the telephone
8. 社長は労働者の賃金を上げることを決めた。
   The president decided to ＿＿＿＿＿ the wages of workers.
9. 私たちは共通点が多い。
   We have a lot in ＿＿＿＿＿＿＿.
10. この申し込み用紙に記入してください。
    Please fill out this application ＿＿＿＿＿＿＿.
11. 私はサービス業に就きたい。
    I want to work in the service ＿＿＿＿＿＿＿.
12. 彼は活力にあふれている。
    He is full of ＿＿＿＿＿＿＿.

正解　1. experiment　4. situation　7. invented　10. form
　　　2. continued　5. allowed　8. raise　11. industry
　　　3. offered　6. particular　9. common　12. energy

48

10

We have **a lot** in common. 私たちには共通点がたくさんある。	💡 have nothing in common（共通点が何もない）、have something in common（何か通じるものがある）などの表現もある
What do you have in mind? 何を考えているのですか。	💡 have someone in mindは「心に決めた人がいる」
I have a headache. **Can I go home?** 頭痛があります。家に帰っていいですか。	💡 acheは「（鈍い）痛み」のことで、stomachache（腹痛）などの表現もよく使われる
I have no idea **what to do next.** 私は次に何をすればよいのか、まったく分からない。	💡 idea（考え）が全く浮かばない様子。have no time は「全く時間がない」
She had trouble **communicating in English.** 彼女は、英語で意思の疎通をするのに苦労した。	💡 have a hard time -ing ともいう
He has nothing to do with **the crime.** 彼はその犯罪とは何ら関係がない。	💡 He doesn't have anything to do with the crime. でも言い換え可能。何か関係がある場合は have something to do with〜となる

235

おさらいイラスト
本書掲載の単語を組み込んだ、テーマ
別のイラストです。イメージで単語を
覚えるのに役立ててください。

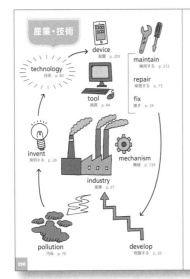

産業・技術

technology 技術 p. 80

device 装置 p. 203

maintain 維持する p. 212

repair 修理する p. 73

fix 直す p. 24

tool 道具 p. 44

invent 発明する p. 28

mechanism 機械 p. 139

industry 産業 p. 27

pollution 汚染 p. 70

develop 発展する p. 20

230

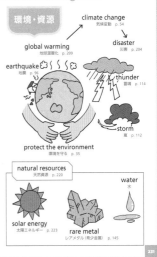

環境・資源

climate change 気候変動 p. 54

global warming 地球温暖化 p. 209

disaster 災害 p. 204

earthquake 地震 p. 96

thunder 雷鳴 p. 114

storm 嵐 p. 112

protect the environment 環境を守る p. 35

natural resources 天然資源 p. 220

water 水

solar energy 太陽エネルギー p. 223

rare metal レアメタル（希少金属） p. 145

231

音声ダウンロードのご案内

STEP 1
商品ページにアクセス！ 方法は次の3通り！
- QRコードを読み取ってアクセス。
- https://www.jresearch.co.jp/book/b591336.html を入力してアクセス。
- Jリサーチ出版のホームページ（https://www.jresearch.co.jp/）にアクセスして、「キーワード」に書籍名を入れて検索。

STEP 2
ページ内にある「音声ダウンロード」ボタンをクリック！

STEP 3
ユーザー名「1001」、パスワード「25359」を入力！

STEP 4
音声の利用方法は2通り！ 学習スタイルに合わせた方法でお聴きください！
- 「音声ファイル一括ダウンロード」より、ファイルをダウンロードして聴く。
- ▶ボタンを押して、その場で再生して聴く。

※ダウンロードした音声ファイルは、パソコン・スマートフォンなどでお聴きいただくことができます。一括ダウンロードの音声ファイルは.zip形式で圧縮してあります。解凍してご利用ください。ファイルの解凍が上手く出来ない場合は、直接の音声再生も可能です。

音声ダウンロードについてのお問合せ先
toiawase@jresearch.co.jp （受付時間：平日9時〜18時）

Week 1

英検準2級合格の基礎力を固める

最重要語200！

1 ability

[əbíləti] V R L W

名 能力；才能
able **形** 可能な；有能な

Ryan has a special <u>ability</u> to jump very high.

ライアンはとても高く跳ぶ特別な能力がある。

💡 be able to ~（〜することができる）は
使いこなせるように！

2 accept

[æksépt] V R L W S

動 受け入れる、認める
acceptance **名** 承諾
acceptable **形** 受け入れることができる

I will <u>accept</u> the job offer.

私はその仕事の申し入れを受け入れます。

💡 簡単に言うとreceiveやadmitなど

3 accident

[ǽks(i)dənt] V L S

名 事故；不慮の出来事

Betty was injured in a car <u>accident</u> last month.

ベティは先月、自動車事故でけがをした。

💡 by accident（偶然に）は頻出熟語

Week1

①

4 advise
[ədváiz] Ⓥ Ⓛ Ⓢ

🔹 動 忠告する；勧める
advice 名 アドバイス；忠告

I <u>advised</u> Tom to see a doctor.
トムに医者に診てもらうように勧めた。

💡 follow (take) one's adviceで
「〜のアドバイスに従う」

5 allow
[əláu] Ⓥ Ⓡ Ⓛ Ⓦ

🔹 動 許す；許可する

My parents <u>allowed</u> me to go to the party.
両親はそのパーティに行くことを認めてくれた。

💡 No pets are allowed.(ペットは禁止です)
のように受動形で使うことも多い

6 borrow
[bɔ́rou] Ⓥ Ⓡ Ⓛ Ⓢ

🔹 動 借りる；借用する

Can I <u>borrow</u> your pencil?
鉛筆を借りてもいいですか？

💡 rentはレンタカーのようにお金を払って
借りるが、borrowは無料で借りる

7

career

[kəríər] **L R W S**

名 仕事；経歴

My <u>career</u> goal is to become a scientist.

私の職業の目標は科学者になることだ。

💡 careerはスキルを要する長期的な職業で、jobは具体的な個々の仕事

8

cash

[kǽʃ] **L S**

名 現金；キャッシュ

Mr. Johnson always pays in <u>cash</u>.

ジョンソン氏はいつも現金で支払いをする。

💡 キャッシュレス（cashless）など日本語でもおなじみ

9

citizen

[sítizn] **R S**

名 市民；(市民権を持つ) 国民

They are German <u>citizens</u>.

彼らはドイツ国民だ。

💡 「インターネット市民」はcitizens of the internet

Week 1
①

10 common
[kámən] Ⓥ Ⓡ Ⓦ Ⓢ

形 共通の；ありふれた
名 共通；普通

We have a lot in common.
私たちは共通点が多い。

💡 a common sense で「常識（的判断力）」

We love painting and jogging.

11 condition
[kəndíʃən] Ⓡ Ⓛ Ⓦ

名 状況；体調；条件

The car is in good condition.
その車は良い状態だ。

💡 working conditions で「労働条件」

Good　　*Bad*

12 consider
[kənsídər] Ⓥ Ⓡ Ⓛ

動 熟考する；よく考える；(AをBと)み
なす

This issue is considered important.
この問題は重要だと考えられている。

💡 regard A as B で言い換えられる

17

13 continue

[kəntínju:]

動 続ける；継続する

Oil prices <u>continued</u> to rise.
原油価格は上昇し続けた。

✑ ドラマなどの「つづく」はTo be continued

Continue.....

14 correct

[kərékt]

形 正しい；正確な
動 修正する；正す

I don't know if it is <u>correct</u> or not.
それが正しいかどうかわからない。

✑ a correct answerで「正解」
That's correct.(その通り)はよく使う口語表現

15 cost

[kɔ́st]

名 費用；経費；犠牲；代価
動 費用がかかる；失わせる
活用：cost-cost-cost

We need to cut our living <u>costs</u>.
生活費を切り詰める必要がある。

✑ at any cost(いかなる犠牲を払っても、
どうしても)は必須熟語

16 create

[kriéit] **R** **L** **W**

動 創造する；作る
creative 形 創造的な；創造力のある
creator 名 クリエイター；創造者

Week 1
①

He <u>created</u> a new painting for a U.K hospital.

彼はあるイギリスの病院のために新しい絵を作成した。

💡 「クリエイティブな仕事」「クリエーター」などの
表現でおなじみ

17 crowd

[kráud] **V** **R** **L**

名 群衆；大勢
crowded 形 混み合った；混雑した

The pop star was surrounded by a <u>crowd</u> of fans.

そのスターは大勢のファンに取り囲まれていた。

💡 「クラウドファンディング」は群衆 (crowd) と資金調達 (funding) を組み合
わせた造語で、SNSで不特定多数の人が、個人や組織に資金を提供すること

18 deal

[díːl] **V** **R**

名 取引；扱い；政策
動 扱う (with～)；配る (out～)

We should <u>deal</u> with the problem very carefully.

私たちはその問題に慎重に対処すべきだ。

💡 It's a deal! (取引成立だ!) は口語でよく使う表現
 deal with (処理する、対処する) は必須熟語!

19 destroy
[distrɔ́i] **R** **L** **W**

動 壊す；(完全に) 破壊する
destruction 名 破壊；破滅

The town was completely <u>destroyed</u> by the hurricane.

街はそのハリケーンで完全に破壊された。

💡 destroyer(デストロイヤー) は「破壊者」で、マンガや映画によく登場する

20 development
[divéləpmənt] **V** **R** **L** **W**

名 発展；進歩；開発
develop 動 発展する；開発する；成長させる

Education is important for child <u>development</u>.

教育は子どもの発育にとって重要である。

💡 ODA「政府開発援助」はOfficial Development Assistanceの略語

21 disease
[dizíːz] **V** **R** **L**

名 病気；疾病

My grandfather has heart <u>disease</u>.

私の祖父は心臓病を患っている。

💡 diseaseはillnessと違って心の病は含まない

22 effort
[éfərt] ⓥⓡⓛⓦ

名 努力；奮闘

We need to make an <u>effort</u> to win the game.

その試合に勝つために努力をする必要がある。

💡 「〜をする為に努力する」はmake an effort to 〜 の形で
しっかり覚えよう！

23 empty
[émpti] ⓥⓡⓛ

形 空の；中身のない
動 空にする；空ける
反 full 形 いっぱいの；満ちた

There were a lot of <u>empty</u> beer bottles in the room.

部屋にはたくさんのビールの空瓶があった。

💡 an empty purseで「空の財布」＝「無一文」

empty   full

24 energy
[énərdʒi] ⓡⓦⓢ

名 エネルギー；元気；活力
energetic 形 エネルギッシュな；精力的な

He is full of <u>energy</u>.

彼は活力にあふれている。

💡 発音に注意！「エネルギッシュ」は和製英語
「エネルギッシュな人」はan energetic person

25
examination
[igzæmənéiʃən] Ⓡ Ⓛ Ⓦ Ⓢ

名 試験；検査；調査
examine **動** 検査する；調査する；試験する

We took a math <u>examination</u> yesterday.
私たちは昨日、数学の試験を受けた。

💡 重要なテストはexam、学校で毎日するような小テストはquizと言うことが多い
an entrance examinationで「入試」

26
excuse
[**名**ikskjú:z **動**ikskjú:s] Ⓥ Ⓛ

名 弁解；言い訳
動 許す；容赦する

Anne is always making <u>excuses</u>.
アンはいつも言い訳ばかりしている。

💡 Excuse meは軽い謝罪の他に、語尾を上げると「もう一度言っていただけますか？」や反論・不満も表せる

Er....
I was busy..
and...

27
expect
[ikspékt] Ⓥ Ⓡ Ⓛ

動 期待する；予期する
expectation **名** 期待；予期

I <u>expect</u> my son to pass the examination.
私は息子がその試験に受かることを期待している。

💡 I am expecting my first baby.で「第一子が生まれる予定だ」
I didn't expect it.で「それは意外だ」

Week 1 ①

28 experience
[ikspíəriəns] ℝ ⓛ ⓦ ⓢ

名 経験；体験
動 経験する；体験する

I had a lot of good <u>experiences</u> in America.
アメリカでたくさんの良い経験をした。

💡 No experience is wasted.(どんな経験も無駄ではない) は、覚えたい良いフレーズ!

29 experiment
[⑱ikspérəmènt ⑱ikspérəmənt] Ⓥ ℝ

名 実験；試み
動 実験する；試みる

We carried out a chemistry <u>experiment</u> today.
今日、化学の実験を行った。

💡 experiは「やってみる」という意味を持ち、experience(経験)などにも含まれている

30 face
[féis] ℝ ⓛ

動 面する；直面する；顔を向ける
名 顔；表面

The house <u>faces</u> a busy street.
その家はにぎやかな通りに面している。

💡 Let's face it! (現実を直視しよう!)はよく使う口語表現
「対面授業」はface-to-face classes

31

female
[fí:meil] Ⓥ Ⓡ Ⓛ

🟦名 女性；(動物の) 雌
🟧形 女性の；雌の
🟪反 male 名 男性；(動物の) 雄 形 男性の；雄の

There are many <u>female</u> doctors in this hospital.

この病院は女性の医師が多い。

💡 male(男性)と対で覚えよう！
feminineは「女性的な」という意味

32

final
[fáinəl] Ⓥ Ⓡ Ⓛ Ⓦ

🟧形 最後の；最終的な
🟦名 最終戦；ファイナル；期末

They will make a <u>final</u> decision on the plan.

彼らはその計画の最終決定をする。

💡 「ファイナルアンサー」はかつての人気テレビ番組
で使われて広まったフレーズ

33

fix
[fíks] Ⓥ Ⓡ Ⓛ Ⓢ

🟩動 直す；(時間、価格、場所などを) 確定する；固定する

Will my car be <u>fixed</u> today?

私の車は今日直りますか？

💡 本格的に直すrepairと違い、軽い意味のfixは口語的で用法も多い

34 follow

[fɑ́lou] **V R L W**

動 従う；続く；追う
follower 名 信奉者；支持者；フォロワー

We must <u>follow</u> the rules.

我々は規則に従わなければならない。

💡 SNSの「フォローする」「フォロワー」
といった用語はここから来ている

35 form

[fɔ́rm] **V R L**

名 形；フォーム；記入用紙
動 形成する；作る

Please fill out this application <u>form</u>.

この申し込み用紙に記入してください。

💡 投球やシュートなどの「フォーム」でおなじみ
form a good relation with~で「〜と良い関係を築く」

36 fortunately

[fɔ́rtʃənətli] **V R**

副 幸運にも；ありがたいことに
fortune 名 幸運；富

<u>Fortunately</u>, no one was killed or injured.

幸運にも、死傷者はいなかった。

💡 フォーチュンクッキーは中に幸運のおみくじが入っているクッキー

37 general

[dʒénərəl] **R L**

形 一般的な；全般的な
generally **副** 一般的に；全般的に

The general condition of our company is not good enough.

我が社の全体的な状態は良くない。

💡 in general(一般に、概して)は必須慣用句
the general public(一般大衆)も頻出
「普通の人」と言いたい場合はordinary peopleなので注意！

38 improve

[imprúːv] **R L W S**

動 改良する；向上させる；改善する
improvement **名** 改善；向上

IT improves people's quality of life.

ITは人々の生活の質を改善する。

💡 「〜の改良」はimprovement in~で覚えよう！

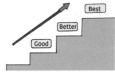

39 include

[inklúːd] **V R W**

動 含む；含有する

This ticket includes a free drink.

このチケットは一杯の無料ドリンクが付いている。

💡 The tax is included in the price. で
「税込価格です」

40 increase

[動 inkríːs 名 ínkriːs]
Ⓡ Ⓛ Ⓦ Ⓢ

動 増す；増やす
名 増加；増大
反 decrease 動 減少する；減らす 名 減少

Week 1 ① ⑦

The number of working women is <u>increasing</u>.

働く女性は増えている。

つづりの中の"crease"は音楽用語の
crescendo(クレッシェンド、次第に強める)と
関係のある語

INCREASE

41 industry

[índəstri]
Ⓥ Ⓡ

名 産業；工業；勤勉
industrial 形 産業の；工業の

I want to work in the service <u>industry</u>.

私はサービス業に就きたい。

a major industryで「主要産業」
the IT industryで「IT産業」

42 influence

[ínfluəns]
Ⓥ Ⓡ

名 影響；影響力
動 〜に影響を与える；(人)を動かす
influential 形 影響力のある；有力な

His work had a great <u>influence</u> on many writers.

彼の作品は多くの作家に多大な影響を与えた。

インフルエンサー(influencer)は「影響力のある人」
インフルエンザ(influenza)と似ているので覚えやすい！

43 invent
[invént] Ⓥ Ⓡ

動 発明する；考案する
invention 名 発明；新案
inventor 名 発明家

Bell invented the telephone.

ベルは電話を発明した。

💡 エジソンはa great inventor（偉大な発明家）

44 knowledge
[nάlidʒ] Ⓥ Ⓡ

名 知識；知恵

Ms. Brown has wide knowledge of education.

ブラウン氏は教育に精通している（幅広い知識がある）。

💡 発音に注意！
A little knowledge is dangerous. は「生兵法は怪我の元（中途半端な知識は危険なもの）」という意味のことわざ

45 likely
[láikli] Ⓥ Ⓡ

形 (be~) ～しそう；ありえる
副 多分；恐らく

It's likely to be a warm winter.

暖かい冬になりそうだ。

💡 likelyとunlikely（ありそうでない）は対にして覚えておこう！

46 male

[méil] Ⓥ Ⓡ Ⓛ

名 男性；(動物の) 雄
形 男性の；雄の
反 female 名 女性；(動物)の雌 形 女性の；雌の

Which <u>male</u> actor do you like?

あなたの好きな男性の俳優は誰ですか？

💡 mail(郵便)と発音が同じなので注意！
「人」の意味もあるmanと違って、
性別に視点を当てた語

47 mind

[máind] Ⓥ Ⓡ Ⓛ

動 ～が気に障る；～に気を付ける
名 心；精神

Do you <u>mind</u> opening the window?

窓を開けていただけますか (窓を開けるのは嫌ではないですか)？

💡 Do you mind ~ ? の返事でYesと答えると「嫌だ」という意味になるので気を付けよう！

48 nation

[néiʃən] Ⓥ Ⓡ Ⓦ

名 国家；国民
national 形 国家の；国全体の

Japan is a <u>nation</u> of laws.

日本は法治国家である。

💡 「田舎」の意味もあるcountryと違って、「国民」の意味もある
the United Nations(国連)は独立国家が集まってできた国際機構

49 nearly

[níərli] ℝ ⛄

副 ほとんど；ほぼ

The work is <u>nearly</u> complete.

その工事はほとんど完成だ。

💡 言い換えるとalmostだが、almostの方が語気が強い

50 neighbor

[néibər] ℝ ⛄ Ⓢ

名 隣人；近所の人
neighborhood **名** 近所；近所の人々

He is my next-door <u>neighbor</u>.

彼は私の隣人だ。

💡 隣人の中でもone's next-door neighborは
すぐ隣の家の人という意味

51 offer

[ɔ́fər] Ⓥ ℝ ⛄ Ⓢ

動 提供する；申し出る；差し出す
名 提供；申し出

A girl <u>offered</u> me her seat on the train.

電車で女の子が私に席を譲ってくれた。

💡 「オファー」は日本語の中でもよく使われる
a job offerで「求人、仕事のオファー」

Week 1
①

52 opinion

[əpínjən] Ⓡ Ⓦ

🔲 意見；見解

She asked her husband's <u>opinion</u> on every important decision.

彼女はすべての重要な決定事項は彼女の夫に
意見を求めた。

💡 in my opinion（私の意見では）は必須表現
public opinion で「世論」

53 own

[óun] Ⓦ Ⓡ Ⓛ Ⓦ Ⓢ

🔲 所有する；所持する
owner 🔲 所有者；オーナー

Jack <u>owns</u> a nice car.

ジャックは素敵な車を所有している。

💡 店などの「オーナー」はすでに日本の
日常語の一部になっている

54 pain

[péin] Ⓡ Ⓛ Ⓢ

🔲 痛み；苦痛
🔲 痛む；苦痛を与える
painful 🔲 つらい；痛い；苦痛の

I have a <u>pain</u> in my chest.

私は胸に痛みがある。

💡 a muscle pain で「筋肉痛」、a painkiller は「鎮痛剤」

31

55 particular

[pərtíkjələr] **R**

形 特別の；特定の
particularly **副** 特に；とりわけ

I am interested in geography in <u>particular</u>.

私は、特に地理に興味を持っている。

💡 Nothing in particular.（特にありません）はよく使う口語表現

56 perfect

[**名形**pə́:rfikt **動**pərfékt] **R L**

形 完全な；非の打ち所がない；ぴったりの
動 ～を完成させる；～を完璧にする

Abby has a <u>perfect</u> career.

アビーは申し分のない経歴の持ち主だ。

💡 Nobody is perfect.（完璧な人はいない）は
失敗した人への慰めの言葉でよく使う

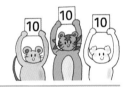

57 perhaps

[pərhǽps] **V L**

副 たぶん；おそらく

<u>Perhaps</u> it will snow tomorrow.

おそらく、明日は雪になるでしょう。

💡 言い換えるとmaybeで、可能性は50%
くらいで「どちらにも転ぶ」ニュアンス

0%　　　　　　　　100%

58 period
[píəriəd] **V R L**

名 期間；時期；時代

I like paintings from the Renaissance period.
私はルネッサンス時代の絵が好きだ。

💡 Period! は「以上！ おしまい！」と議論や話を
終わらせる時によく使う一言

The Heian period

59 personal
[pə́:rsənəl] **V**

形 個人の；個人的な；私的な
person 名 人；人間

I am not interested in personal affairs.
私は個人的なことに興味ない。

💡 「パーソナルトレーナー」とはマンツーマンでトレーニング、栄養などの指導
などをする人

60 population
[pàpjəléiʃən] **R W**

名 人口；住民

What is the population of New York?
ニューヨークの人口はどれくらいですか？

💡 人口が多い[少ない]はmany[few]を使わずlarge[small]を使う

33

61

prepare
[pripéər] ⓋⓇⓁ

動 作る；(for ~)〜のための準備をする
preparation **名** 準備

I am <u>preparing</u> dinner.

私は夕食を作っている。

💡 prepare for dinnerは「夕食のための準備をしている（買い物など）」
prepare と prepare forの違いを理解しよう！

62

private
[práivət] ⓋⓈ

形 個人の；自分の；プライベートの
privacy **名** プライバシー

My son goes to a <u>private</u> high school.

私の息子は私立高校に通っている。

💡 「プライバシーの侵害(privacy invasion)」の「プライバシー」はここから

63

probably
[prɔ́bəbli] ⓋⓇⓁⓈ

副 おそらく；多分
probable **形** ありそうな；起こりそうな

It will <u>probably</u> take two weeks to finish the report.

レポートを仕上げるのに、おそらく2週間は
かかるだろう。

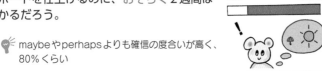

0%　　　　　　　　100%

💡 maybeやperhapsよりも確信の度合いが高く、
80%くらい

Week 1 ①

64
protect
[prətékt] Ⓥ Ⓡ Ⓦ

動 守る；保護する
protection 名 保護；防護

Parents must protect their children from an evil influence.

親は悪影響から子どもたちを守らなければ
ならない。

Roar...
Roar...
Roar..

💡 protect A from B（BからAを守る、保護する）
で覚えよう！

65
purpose
[pə́:rpəs] Ⓥ Ⓡ Ⓛ

名 目的；目標

What's the purpose of your visit?

訪問の目的はなんですか。　＊入国審査で必ず聞かれる質問

💡 頻出熟語のon purposeは、目的（purpose）の上（on）→目的に基づいて→
「わざと」という意味

66
quick
[kwík] Ⓥ Ⓡ Ⓛ Ⓢ

形 素早い；頭の回転が速い；短気な
quickly 副 速く；迅速に

My smart boss always makes a quick response.

頭が切れる上司はいつも即答してくれる。

💡 He is quick to get angry. で「彼は怒りっぽい」
「とにかく何でも速いとせっかちになり、いら立ちやすくなる」と発想しよう

67 raise
[réiz] **Ⓥ Ⓡ**

動 上げる；育てる；上がる；上昇する
名 上げること；昇給；賃上げ

The president decided to <u>raise</u> the wages of workers.

社長は労働者の賃金を上げることを決めた。

💡 rise(上がる、昇る)と混同しないように！

68 rate
[réit] **Ⓥ Ⓡ**

名 割合；料金；比率

Japan's falling birth <u>rate</u> is a serious problem.

日本の出生率の低下は深刻な問題だ。

💡 rateは一定の尺度で定められた比率
exchange rate は「為替レート」

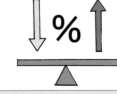

69 realize
[ríəlàiz] **Ⓥ Ⓡ Ⓛ Ⓦ**

動 理解する；実現する
realization **名** 認識；実現

I <u>realized</u> that the basics are important in mathematics.

数学では基礎が重要であると気付いた。

💡 realize one's goalで「目標を実現する」
頭でイメージした時点で「実現する」という発想

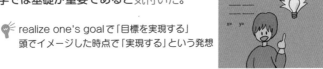

70 recently
[rí:sntli] VRLW

副 最近；近頃
recent 形 最近の；近頃の

I bought a new pair of shoes <u>recently</u>.
最近、新しい靴を買った。

💬 現在完了形・過去形の動詞と共に使い、通常は現在時制の動詞と一緒には使わない
現在時制で「最近」は nowadays や these days を使う

71 remain
[riméin] R

動 ～のままである；残る
名 残り物；遺跡

He <u>remained</u> after school to practice soccer.
彼はサッカーの練習をするために放課後学校に残った。

💬 Much remains to be done. で「やるべき事がたくさんある（残っている）」
remain single(独身でいる)も重要表現！

72 remind
[rimáind] VL

動 (人) に思い出させる；(人) に気づかせる

This picture <u>reminds</u> me of my grandfather.
この写真を見ると祖父を思い出す
(この写真は祖父を思い出させる)。

💬 remind 人 of ~ (人に～を思い出させる)の形で覚えよう！

37

73 row
[róu] Ⓥ Ⓡ Ⓛ

名 列；行
動 並べる；ボートをこぐ

He always took a seat in the front <u>row</u> at the theater.
彼はいつも劇場の前列の席を取った。

💡 in a row（一列に、連続して）も重要、It has been raining for seven days in a row.（7日間連続で雨が降っている）

74 secret
[síːkrət] Ⓥ Ⓡ Ⓛ

名 秘密；機密 形 秘密の；内緒の
secretly 副 隠れて；こっそりと
secretary 名 秘書

Please keep the <u>secret</u>.
その秘密は守ってください。

💡 in secretは「内緒で」
the secret of success（成功の秘訣）も重要表現！

75 seldom
[séldəm] Ⓥ Ⓡ

副 めったに～ない；ほとんど～ない

My neighbor <u>seldom</u> goes out.
私の隣人はめったに外出しない。

💡 言い換えるとrarelyだが、seldomは硬い表現で主に書き言葉で使われる

Week 1 ①

76 service

[sə́:rvəs] Ⓥ Ⓡ Ⓛ Ⓢ

名 (店での)サービス、勤務 ; 公共
動 修理する

I will join social <u>services</u> next month.

私は来月、社会奉仕をする。

💡 out of service は電車やバスの「回送（運転休止中）」表示や、「使われなくなって」の意味

77 shake

[ʃéik] Ⓥ Ⓢ

動 震える ; 揺れる ; ～を揺らす
活用：shake-shook-shaken

The earthquake <u>shook</u> buildings all around us.

地震であたり一帯の建物が揺れた。

💡 ファストフード店のバニラシェイク(a vanilla shake)はこの言葉から

78 share

[ʃéər] Ⓥ Ⓡ Ⓦ Ⓢ

動 共有する ; 分け合う
名 取り分 ; 分け前

Jim and I <u>share</u> an office.

私はジムと事務所を共有している。

💡 「シェアする」「カーシェア」などで日常的に
耳にする機会は多いはず

79

similar
[símələr] ⓋⓇⓁ

形 同じような；類似の
similarly 副 同様に；類似して

We have <u>similar</u> tastes in music.
私たちは音楽の趣味が似ている。

be similar to~（～に似ている）は必須熟語！

80

situation
[sìtʃuːéiʃən] ⓋⓇⓁⓈ

名 状況；事態；難局

Our team faced a difficult <u>situation</u>.
我々のチームは難しい状況に直面した。

in a serious situationで「深刻な状況で」という意味
We have a situation. でも「困ったことになった」の意味になる

81

skill
[skil] ⓋⓇⓁⓌ

名 技術；手腕；スキル
skillful 形 熟練した；上手な

The job requires computer <u>skills</u>.
その仕事はコンピューターのスキルが必要だ。

「スキルアップ」は和製英語で、英語ではimprove one's skills（スキルアップする）と言う

82
smell
[smél] Ⓥ Ⓡ Ⓛ

動 においがする；においを嗅ぐ
名 におい；嫌なにおい
活用：smell-smelled / smelt-smelled / smelt

Something smells good in the kitchen.
台所で何か良いにおいがする。

💡 a sense of smell は「嗅覚」のこと
You have a smell. で「あなたはくさい（嫌な においがする）」となる

83
spread
[spréd] Ⓥ Ⓡ

動 広げる；開く；広がる
名 広さ；広がり

The students spread a false rumor.
その生徒たちは誤ったうわさを広めた。

💡 動詞活用は spread-spread-spread
spread butter on the bread で「パンにバターを塗る」

84
stand
[stǽnd] Ⓥ Ⓡ Ⓛ Ⓢ

動 耐える；我慢する；立つ；位置する

I can't stand his attitude.
彼の態度には我慢できない。

💡 「我慢する」という意味では、 通例、否定文か疑問文で使う

I can't stand it!

85 standard

[stǽndəʳd] **R** **L**

名 基準；標準

This product meets safety standards.
この製品は安全基準を満たしている。

💡 「スタンダードナンバー」は「定番曲」のことで、一般的にネイティブは standard と言う

86 steal

[stíːl] **V** **L**

動 盗む；盗用する
活用：steal-stole-stolen
名 盗み；盗用

A pickpocket stole my purse.
スリが私の財布を盗んだ。

💡 ダブルスチール(a double steal)は
野球で2人の走者が同時に盗塁すること

87 stomach

[stʌ́mək] **V** **R** **L** **S**

名 胃；腹部

I have a stomachache[stomach ache].
胃が痛い。

💡 a stomach cancerは「胃がん」、a stomach problemは「胃の病気」

88 suggest

[sʌgdʒést] **R** **L**

動 提案する；示唆する
suggestion 名 提案；提言

My teacher <u>suggested</u> that I should take the course.

私の先生はそのコースを取るように勧めた。

💡 propose と比べて控えめな提案
「サジェスチョン（提案）」は日本語でもよく用いられる

89 support

[səpɔ́rt] **V** **R** **W**

動 支える；助ける
名 支援；支え
supporter 名 サポーター

The fans continue to <u>support</u> the team.

ファンたちはそのチームを応援し続けている。

💡 運動選手が関節などに着用する伸縮素材の
用具も「サポーター」と呼ばれる

90 tax

[tǽks] **V** **R**

名 税金；税；重荷
動 課税する

You have to pay a consumption <u>tax</u> on this product.

あなたはこの製品の消費税を払わなくてはいけない。

💡 tax-free は消費税の免税で、空港内のduty-free は関税（輸入にかかる税
金）の免除

91
term
[tɔ́ːrm] Ⓥ Ⓡ Ⓛ

名 期間；任期；学期；用語

The new school term in the US starts in September.
アメリカでは新学期は9月に始まる。

💡 a summer [winter] term は「夏[冬]学期」の意味の重要表現！

92
thin
[θín] Ⓥ Ⓡ Ⓛ Ⓢ

形 薄い；細い；乏しい
反 thick **形** 厚い；(味が) 濃い

Many companies in the fashion industry decided not to hire super-thin models.
ファッション業界では多くの企業が
あまりに細いモデルは雇わないと決めた。

💡 「薄い空気」は thin air と言う

93
tool
[túːl] Ⓡ Ⓛ

名 器具；道具；手段

Smartphones are a handy tool for business.
スマートフォンはビジネスに便利なツールだ。

💡 「手段」という意味でのツールは
日本語の日常会話でもよく使われる

Week 1

①

94
trust
[trʌ́st] Ⓥ Ⓡ Ⓛ

名 信頼；信用
動 信頼する；信じる

Partnership is based on mutual trust.
パートナーシップは相互の信頼に基づく。

💡 Trust me.（信じて、任せて）は口語でよく出てくる言い回し
believeは相手の言葉や物事を信じることで、trustは相手の人格を信頼すること

95
value
[vǽljuː] Ⓥ Ⓡ

名 価値；値打ち
動 評価する；尊重する
valuable 形 貴重な；大切な

What's the value of my house at present?
私の家の価値は今どれくらいですか？

💡 price は「売買するときの価格」で、valueは
「値打ち、有用性、貨幣などの額面」を意味する

96
various
[véəriəs] Ⓡ Ⓛ Ⓦ Ⓢ

形 さまざまな；いろいろな
variety 名 変化に富むこと；多様性

I was excited to see various kinds of fruit on the table.
テーブルの上のさまざまな種類の果物を見て
ワクワクした。

💡 「バラエティー番組」とは報道・ドキュメント・コ
メディー・クイズなど、いくつかの娯楽を組み
合わせた番組

97 visitor

[vízətər] R L S

名 訪問者；来客；観光客
visit 動 訪れる；訪問する

There are many information centers for overseas <u>visitors</u>.

海外からの観光客のために多くの案内所がある。

💡 「ビジター料金」は会員制の店で非会員が
利用する（訪れる）ごとに支払う料金

98 volunteer

[vɑ̀ləntíə] V R L W S

名 ボランティア
動 ボランティアを行う；奉仕活動をする
形 ボランティアの

Jenny decided to work as a <u>volunteer</u>.

ジェニーはボランティアとして働くことを決めた。

💡 発音する際はアクセントに注意！
volunteer は無償で奉仕することだが、自らの意思で行動することにポイントがある

99 wheel

[wíːl] R L

名 (車、自転車などの) 車輪；ホイール；車のハンドル
a wheelchair 名 車いす

Bicycles are vehicles with two <u>wheels</u>.

自転車は2つの車輪が付いている乗り物だ。

💡 車輪のついたいす (chair) だから車いす＝a wheelchair

100 **worry**

[wʌ́(:)ri] Ⓥ Ⓡ Ⓛ Ⓦ

🔴 心配する；くよくよする

Don't <u>worry</u> about small things.
小さなことでくよくよしないように。

👉 You have nothing to worry about.
（何も心配することはありません）は、心配
する相手をなだめたり励ましたりする表現

Where is Marilyn?

日本語に合うように、空所に英単語を入れましょう。

1. 今日、化学の実験を行った。

We carried out a chemistry _____ today.

2. 原油価格は上昇し続けた。

Oil prices _____ to rise.

3. 電車で女の子が私に席を譲ってくれた。

A girl _____ me her seat on the train.

4. 我々のチームは難しい状況に直面した。

Our team faced a difficult _____.

5. 両親はパーティーに行くことを認めてくれた。

My parents _____ me to go to the party.

6. 私は、特に地理に興味をもっている。

I am interested in geography in _____.

7. ベルは電話を発明しました。

Bell _____ the telephone

8. 社長は労働者の賃金を上げることを決めた。

The president decided to _____ the wages of workers.

9. 私たちは共通点が多い。

We have a lot in _____.

10. この申し込み用紙に記入してください。

Please fill out this application _____.

11. 私はサービス業に就きたい。

I want to work in the service _____.

12. 彼は活力にあふれている。

He is full of _____.

正解 1. experiment　　4. situation　　7. invented　　10. form
　　　2. continued　　5. allowed　　8. raise　　11. industry
　　　3. offered　　6. particular　　9. common　　12. energy

Week 1

英検準2級合格の基礎力を固める
最重要語200！

②

101 active

[ǽktiv] ℝ ℒ ℍ

形 活発な；積極的な；現役の
activity 名 活動；アクティビティー
actively 副 活発に

My great-grandmother is over 90, but is still very <u>active</u>.

曽祖母は90歳を超えているが、今も
とても元気だ。

💡 activeの反対のpassiveは
「何ら率先してやらずに受け身の」という意味

102 alike

[əláik] Ⓥ Ⓢ

形 似ている；同じような
副 同様に

The two brothers are <u>alike</u> in many ways.

その二人の兄弟は多くの点で似ている。

💡 similarはa similar type（同じようなタイプ）のように名詞の前で使えるが
alikeは名詞の前には使えない

103 asleep

[əslíːp] Ⓥ ℒ Ⓢ

形 眠って；無感覚で

Nate is fast <u>asleep</u> on the sofa.

ネイトはソファーの上でぐっすり眠っている。

💡 fall asleep（眠りに落ちる）は重要表現！
My legs are asleep. は「足がしびれている」

104
avenue
[ǽvənùː] **L**

名 大通り；並木道

Hokkaido's <u>avenues</u> of poplars are very famous.

北海道のポプラの並木道はとても有名だ。

Fifth Avenue（五番街）で有名なニューヨークのAvenueは南北に走る道、Streetは東西に走る道

105
basic
[béisik] **V R L**

形 基礎の；基本的な
名 基礎；基本
basis 名 基本；原理

You need to get some <u>basic</u> information about the product.

あなたはその製品の基本情報を得る必要がある。

最も重要または最も必要な部分を指す
basic human rights（基本的人権）はぜひ覚えてほしい必須用語！

106
beat
[bíːt] **V R S**

動 打つ；たたく；打ち負かす
活用：beat-beat-beaten
名 打つこと；殴打

I like to <u>beat</u> the drums.

私はドラムをたたくのが好きだ。

I'll beat you next time! で
「次は君を打ち負かす！」

107 bend

[bénd] **Ⓥ**

動 曲げる；傾ける
活用：bend-bent-bent

Sally <u>bent</u> down to pick up a pen.

サリーはかがんでペンを拾った。

💡 品物や荷物の表示でDo not bend or foldは「折り曲げ厳禁」

108 besides

[bisáidz] **Ⓡ Ⓦ**

副 その上に；さらに
前 〜を除いて；それに加えて

I did not like the suit. <u>Besides</u>, it was too expensive.

そのスーツは気に入らなかった。その上、それは高すぎた。

💡 No one knows it besides me. で「私以外誰もそれを知らない」
beside「〜のそばに」と混同しないように！

109 bite

[báit] **Ⓥ Ⓛ**

動 かむ；かじる
活用：bite-bit-bitten
名 ひとかじり；ひと口

George has a habit of <u>biting</u> his nails.

ジョージは爪をかむ癖がある。

💡 take a biteで「ひと口食べる」

Week1 ②

110 **blind**
[bláind] Ⓡ Ⓛ

形 目の不自由な；盲目の
名 ブラインド；口実

Hellen Keller became <u>blind</u> when she was a baby.
ヘレン・ケラーは赤ちゃんの時に盲目になった。

💡 a blind loyaltyで「盲目的な忠誠心」
Love is blind. は「恋は盲目」(ことわざ)

111 **calm**
[ká:m] Ⓡ Ⓛ

形 静かな；穏やかな
動 静める；なだめる
名 静けさ；平穏

Mary is a <u>calm</u> and confident woman.
メアリーは平静で自信に満ちた女性だ。

💡 Calm down.(落ち着いて)はよく使う口語表現
The calm before the storm は「嵐の前の静けさ」

112 **cattle**
[kǽtl] Ⓡ

名 牛；畜牛

There is a herd of <u>cattle</u> over there.
向こうに牛が群れでいる。

💡 集合的に複数扱い(複数形はない)
cowが主に乳牛であるのに対し、
cattleは家畜の牛全般を示す

53

113

chemistry
[kémistri] ⓋⓇⓁ

名 化学
chemical **形** 化学の

My favorite subject is <u>chemistry</u>.
私の好きな教科は化学です。

👆 人と人の間の感情は、まるで化学反応のように起こることから、「相性」の意味もある

114

claim
[kléim] ⓋⓇ

動 要求する；主張する
名 要求；請求

Billy <u>claimed</u> that his answer was right.
ビリーは自分の答えは正しいと主張した。

👆 日本語の「クレーム」は英語ではcomplaint
なので注意しよう！
＊complaintは2級レベルの単語

115

climate
[kláimət] ⓋⓇⓁ

名 気候；風土

Los Angeles has a warm, dry <u>climate</u>.
ロサンゼルスは暖かく乾燥した気候だ。

👆 climate change（気候変動）は環境問題のキーワード！
climateは「ある土地の年間の気候」、weatherは「ある場所のある日の天気」

Week 1
②

116 comfortable
[kʌ́mftəbl] **R L W S**

形 心地良い；くつろいだ
反 uncomfortable 形 心地悪い

I want to buy a comfortable bed to sleep in.
私は寝心地の良いベッドを買いたい。

💡 comfortable clothing で「着心地の良い服」

117 completely
[kəmplíːtli] **V R W**

副 完全に；十分に
complete 形 完全な；全部そろった
complete 動 完成する；終了する

I completely forgot about the appointment.
私はその約束を完全に忘れていた。

💡 コンプリートエディションは映画などで
削除、編集カットのない「完成版」のこと
complete the mission で「任務を完了する」

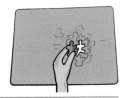

118 customer
[kʌ́stəmər] **V R S**

名 顧客；取引先
custom 名 慣習；風習

The mall is always full of customers.
そのショッピングモール店はいつも客でいっぱいだ。

💡 「カスタマーサービス」でおなじみ
習慣(custom)的に同じ所を行き来する人→customer

119 depend

[dipénd] Ⓥ Ⓡ Ⓛ Ⓢ

動 あてにする；〜次第である

The island <u>depends</u> heavily on tourism.

その島は観光に大きく依存している。

💡 That depends!（それは時と場合による）は
よく使う口語
depend on ~（〜に頼る、に依存する）の形
で覚えよう

120 economy

[ikánəmi] Ⓥ Ⓡ

名 経済；節約
形 経済の；経済学の；節約の
economical 形 経済的な；節約の
economic 形 経済の；経済学の

The Japanese <u>economy</u> is improving.

日本経済は回復基調にある。

💡 飛行機のエコノミークラスでおなじみ
economical（節約的な）とeconomic（経済の）を混同しないように！

121 educate

[édʒukèit] Ⓡ

動 〜を教育する；〜を啓発する
education 名 教育；教養
educational 形 教育の；教育的な

Morley was <u>educated</u> at Harvard University.

モーリーはハーバード大学で教育を受けた。

💡 get a good education で「良い教育を受ける」
「高等教育」は higher education
「食育」は food education

122 election

[ilékʃən] **V** **R**

名 選挙；選出
elect 動 選挙する；選ぶ

The election of a mayor will be held next month.
来月、市長選が行われる。

💡 a general election で「総選挙」

123 environment

[inváiərənmənt]
V **R** **L** **W** **S**

名 環境；周囲の状況

We need to protect the environment.
我々は環境を保護しなければならない。

💡 必須単語なので、"n" を抜かず
正しく書けるようにしよう！

124 excellent

[éksələnt] **V** **L** **S**

形 非常に良い；優れた

My car is in excellent condition.
私の車は絶好調である（非常に良い調子だ）。

💡 excellent は extremely good なので、
原則として比較・最上級にできない

125
expensive
[ikspénsiv] Ⓥ Ⓡ Ⓛ Ⓦ Ⓢ

形 高価な；値段の高い
expense 名 費用
反 cheap 形 安い

Everything is <u>expensive</u> in Iceland.

アイスランドでは何もかも高い。

💡 「高すぎて手が出ない」は It's too expensive!
I can't afford it. となる

126
export
[動ikspɔ́:rt 名ékspɔ:rt] Ⓥ Ⓡ

動 〜を輸出する；(思想、考え)を外に伝える
名 輸出
反 import 動 輸入する 名 輸入

The company <u>exports</u> automobiles to Asian countries.

その会社はアジア諸国に車を輸出している。

💡 品詞によりアクセントが違うので注意！
ex(外へ)+port(港)で覚えやすい！

127
express
[iksprés] Ⓥ Ⓛ

動 表現する；(感情など)を表す
名 急行列車；速達便
expression 名 表現；表情

Mary didn't know how to <u>express</u> her feelings in words.

メアリーは自分の気持ちをどうやって言葉で表現したらいいのかわからなかった。

💡 ex(外)+press(押し出す)から来た語
他動詞なので express の後に oneself や one's opinion など目的語が必要

Week 1

②

128 faith

[féiθ] Ⓥ Ⓡ

名 信頼；信用；信念
faithful **形** 忠実な；誠実な

I will never lose <u>faith</u> in him.

私は彼への信頼を失うことはないだろう。

💡 「忠犬ハチ公」はHacihko, the faithful dog

129 familiar

[fəmíljər] Ⓥ Ⓢ

形 なじみの；聞き慣れた；見慣れた

Her face seemed <u>familiar</u>, but I couldn't remember her name.

彼女の顔には見覚えがあったが、名前は思い出せなかった。

💡 a familiar voiceで「聞き覚えのある声」、a familiar sightで「見慣れた光景」

130 feature

[fíːtʃər] Ⓥ Ⓡ Ⓛ

名 特徴；特集記事
動 特集する

These two have a common <u>feature</u>.

これら二つには共通の特徴がある。

💡 「フィーチャーする」は「特集する」などの
意味でよく使われる

131 fever
[fíːvər] ⓋⓇⓁⓈ

名 熱；発熱；熱狂；フィーバー

I have a slight <u>fever</u>.
わたしは微熱がある。

💡「熱は何度ですか？」は
What's your temperature? か
How high is the fever? と言う

132 figure
[fígjər] ⓋⓇⓁ

名 形；姿；数字；フィギュア；人物

My 50 year-old aunt still has a good <u>figure</u>.
私の50歳の伯母は今も良いスタイルを維持している。

💡 figureは「人や動物の姿」で、shapeは「物や動物の形」
「フィギュアスケート」「フィギュア（人形）」でおなじみ
「歴史上の人物」はhistorical figures

133 fit
[fít] ⓋⓇⓁⓈ

動 形や大きさが合う；フィットする
活用：fit-fit / fitted-fit / fitted
形 合う；適合した

My shoes don't <u>fit</u> me anymore.
この靴はもう合わない（きつい）。

💡 日本語の日常会話でも、よく「体にフィット
する」などの言い方をする

Week 1 ②

134 float
[flóut] Ⓥ

動 浮かぶ；浮く
floating **形** 浮かんでいる；流動している

Oil floats on water.
油は水に浮く。

💡 ソーダフロートはソーダにアイスクリームを
浮かべた飲み物

135 fold
[fóuld] ⓇⓈ

動 折る；折り曲げる
名 折ること；ひだ

First, fold the paper in half.
まず、紙を半分に折ってください。

💡 fold the laundryで「洗濯物をたたむ」
bendは厚紙や板など硬いものを折り曲げる、
foldは紙や布のような柔らかいものを折りたたむ

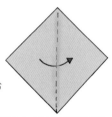

136 former
[fɔ́rmər] ⓇⓋ

形 以前の；前の；元の

Hong Kong is a former British colony.
香港はかつてのイギリスの植民地だ。

💡 「前者」のことをthe former、「後者」のことをthe latterと言う

137 furniture
[fɔ́ːrnitʃər] **V R L**

名 家具；調度品

We chose the <u>furniture</u> for our new house.

私たちは新しい家のための家具を選んだ。

💡 furnitureは不可算名詞なので、「家具3点」はthree pieces of furniture と言う

138 graduate
[動 grǽdʒuèit 名 grǽdʒuət] **V R L**

動 卒業する；〜を卒業する(from ~)
名 卒業生

Mike <u>graduated</u> from Stanford University last year.

マイクは去年スタンフォード大学を卒業した。

💡 動詞と名詞で発音が違うので注意しよう！

139 handle
[hǽndəl] **V R**

動 対処する；処理する
名 取手；柄

Meg <u>handled</u> the situation very well.

メグはその状況をとてもうまく処理した。

💡 車の「ハンドル」は和製英語で、英語ではa steering wheelと言う

Week1
②

140 height

[háit] Ⓥ Ⓡ Ⓛ

名 高さ；身長
high 形 高い；上の

This airplane is flying at a <u>height</u> of 25,000 feet.

当機は2万5000フィートの高度を飛行しております。

＊機内アナウンスで。

💡 high(高い)とheight(高さ)でスペルが違う
ので要注意！

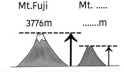

141 horizon

[həráizn] Ⓥ Ⓡ Ⓛ

名 地平線；視野

There are clouds on the <u>horizon</u>.

地平線上に雲がある。　＊行き先に不安があるという意味で使う。

💡 broaden one's horizons(〜の視野を広げる)はぜひ使ってほしい表現

142 import

[動 impɔ́ːrt 名 ímpɔːrt] Ⓥ Ⓡ

動 輸入する；取り込む
名 輸入；輸入品
反 export 動 輸出する 名 輸出

All the meat is <u>imported</u> from America.

食肉はすべてアメリカから輸入されている。

💡 import taxesで「輸入税」
im(中へ)+port(港)で覚えやすい、
export(輸出)と対で覚えよう！

143 individual

[indəvídʒuəl] Ⓥ Ⓡ Ⓛ

形 個人の；個々の；独特の
名 個人；人

I try to listen to <u>individual</u> opinions.

私は個人の意見に耳を傾けるようにしている。

💡 depend on the individualは
「人によって違う」の重要表現！

144 judge

[dʒʌ́dʒ] Ⓡ

動 判断する；審査する
名 判事；審査員

Don't <u>judge</u> a book by its cover.

外見で判断しないように。

💡 Don't judge a book by its cover.
（本の表紙で本を判断しないように）→「外見で
判断しないように」という意味のフレーズ

145 lately

[léitli] Ⓥ Ⓡ Ⓛ

副 最近；近頃

I haven't seen Bob <u>lately</u>.

最近、ボブを見かけない。

💡 late（遅い）の副詞形ではないので注意！
（lateの副詞形はlate）

Week 1 ②

146 latter
[lǽtər] Ⓥ Ⓡ

形 後半の；後者の；後の
名 後者

I want to read the <u>latter</u> half of the book.
その本の後半を読みたい。

💡 in the latter half of March で「三月の後半に」
latter と former(前者)を対にして覚えよう

147 law
[lɔ́ː] Ⓥ Ⓡ Ⓛ

名 法；法律
関 lawyer 名 弁護士；法律家

You must obey the <u>law</u>.
君たちは法律を守らなければならない。

💡 「法律を破る」は break the law
ロースクール(law school)でおなじみ

148 legal
[líːgəl] Ⓥ Ⓡ

形 法律の；合法的な

I don't know the <u>legal</u> age for marriage.
私は結婚できる法定年齢を知らない。

💡 take a legal action で「訴訟を起こす」
動詞 legalize は「合法化する」

149 limit

[límit] Ⓥ Ⓡ

名 制限；限界
動 制限する；限定する

They should set a time limit.

時間制限を設けるべきだ。

💡 off limits は「立ち入り禁止区域」

150 lonely

[lóunli] Ⓛ Ⓢ

形 孤独な；寂しい

Morley spent a lonely childhood with few friends.

モーリーは友達もほとんどいなくて孤独な幼少時代を送った。

💡 feel lonely で「孤独を感じる」
alone は「孤立した、独りで」

151 marry

[mǽri] Ⓥ Ⓡ Ⓛ

動 〜と結婚させる；結婚する
marriage 名 結婚

Will you marry me?

結婚してくれませんか。

💡 「結婚している」なら be married

152 medical
[médikəl] Ⓥ Ⓡ Ⓛ

形 医療の；医学の
名 医学；薬

The clinic has started online <u>medical</u> services.
そのクリニックはオンライン医療サービスを
始めた。

💡 one's medical history で「～の病歴」
　a medical stundent は「医学生」

153 medium
[míːdiəm] Ⓥ Ⓡ

形 中ぐらいの；中間の
名 媒体；メディア(media)の単数形

There are many small-and-<u>medium</u>-sized companies in Japan.
日本には多くの中小企業がある。

💡 服のMサイズは medium size

Large ↓
Medium
small

154 operation
[ɑ̀pəréiʃən] Ⓥ Ⓡ Ⓛ

名 手術；作戦；運転
operate 動 操業する；操作する；手術する
operator 名 オペレーター；技手

My father had an <u>operation</u> last month.
私の父は先月、手術を受けた。

operation

💡 The factory is in operation now. で
　「工場は現在操業中です」

155 organization
[ɔ̀rɡənəzéiʃən] **V** **R** **L**

名 団体；組織
organize **動** 組織する；主催する

Jessy works for the <u>organization</u>.

ジェシーはその組織で働いている。

 WHO「世界保健機関」は World Health Organization の略

156 passenger
[pǽsəndʒər] **V** **R** **L**

名 乗客；旅客

There were few <u>passengers</u> in the train.

列車にはほとんど乗客がいなかった。

陸路や海路を通る (pass) 人のこと
a passenger airplane は「旅客機」

157 plain
[pléin] **R** **L**

形 明らかな；無地の；分かりやすい
名 平原

Please explain in <u>plain</u> English.

分かりやすい英語で説明してください。

「プレーンオムレツ（何も入っていないオムレツ）」でおなじみ
a plain jacket は「無地のジャケット」

158 planet
[plǽnit] ℝⓁ

名 惑星；地球

The earth is the third planet from the sun.
地球は太陽から三番目の惑星だ。

💡 星空を映すプラネタリウム (planetarium) は
この言葉に由来する

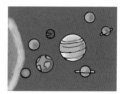

159 pleasant
[pléz(ə)nt] ℝ

形 楽しい；愉快な
pleasure 名 喜び

Have a pleasant flight!
楽しいご旅行を！

💡 please (喜ばせる) の形容詞形

160 plenty
[plénti] Ⓛ

形 たくさんの；十分な
名 豊富；多量

We have plenty of money to spend.
使えるお金が十分ある。

💡 plenty of は「多くの」と「十分な」の二つの意味を含んでいる

69

161

poison

[pɔ́iz(ə)n] **R** **L**

名 毒；毒薬；弊害
動 毒を入れる；害を与える

poisonous 形 毒の

This drug is a deadly poison.

この薬は猛毒だ。

💡 One man's meat is another man's poison
で「物事の価値は人によって違う」という意味

162

policy

[pɑ́ləsi] **V** **R**

名 政策；方針

The government leaders debated over foreign policy.

政府首脳は外交政策について議論した。

💡 Honesty is the best policy.（正直は最良の策）は、「正直なのが一番だ」と
いうことわざ

163

pollution

[pəlúːʃən] **V** **R** **L**

名 汚染；公害

It is necessary to control air pollution.

大気汚染を規制する必要がある。

💡 water [air] pollutionは「水質 [大気] 汚染」
noise pollutionは「騒音公害」

Week 1 ②

164
pour
[pɔ́ːr]　Ⓥ Ⓢ

動 注ぐ；（飲み物を）つぐ

Olivia <u>poured</u> very hot coffee into a cup.
オリヴィアは熱いコーヒーをカップに注いだ。

💡 pour one's energy into ~（～にエネルギー を注ぐ）のように、「注ぐ」のは飲み物だけでは ない！

165
pray
[préi]　Ⓡ Ⓛ

動 祈る；～を願う
prayer 名 祈り

I <u>pray</u> for your health.
あなたのご健康をお祈りします。

💡 a prayer for peaceで「平和への祈り」

166
prevent
[privént]　Ⓥ Ⓡ Ⓦ

動 防ぐ；阻止する

We must <u>prevent</u> global warming.
地球温暖化を防がなければならない。

💡 prevent A from ~ing（Aが～するのを防ぐ）はぜひ覚えてほしい！ 「彼は病気でプロジェクトを行うことができない」ならIllness prevents him from carrying out the project. となる

167

pure

[pjúər] ® Ⓛ

(形) 純粋な；混ざり気のない

This story is about <u>pure</u> love.

この物語は純愛(純粋な愛)について書かれている。

💡 pure goldで「純金」
日本語でも「ピュアな」とよく言う

168

rapid

[rǽpid] Ⓥ ®

(形) 急速な；素早い

rapidly (副) 急速に；素早く

The patient made a <u>rapid</u> recovery.

患者は急速に快復した(急速な快復をした)。

💡 rapid economic growthで「急速な経済成長」
rapidは「素早く起こり、ペースが速い」という意味

169

reject

[❶ridʒékt ❷rídʒekt] Ⓥ ®

(動) 拒否する；却下する
(名) 不合格品；不良品

rejection (名) 拒絶

The committee <u>rejected</u> the proposal.

委員会はその提案を却下した。

💡 re(後ろへ)+ject(投げる)から来た語で、
refuseより意味が強い

170 relation

[riléiʃən] ⓥⓡⓛ

名 関係；関連

Japan wants to maintain good <u>relations</u> with the US.

日本は米国と良好な関係を維持したいと考えている。

個人的な関係はrelationshipを使うことが多い

171 repair

[ripér] ⓥⓡⓛ

動 修理する；直す
名 修理；修復

The fence needs to be <u>repaired</u>.

その塀を修復する必要がある。

repair the relationで「関係を修復する」

172 root

[rúːt] ⓡ

形 根本の；根の
名 根源；起源；根

Poverty is the <u>root</u> cause of crime.

貧困が犯罪の根本的な原因だ。

「(自分や何かの誕生の)ルーツを探る」という
表現でおなじみ

173 safety
[séifti] ⓥⓇⓁⓌⓈ

名 安全；無事
safe **形** 安全な；無事の

Lucy is always worried about her son's <u>safety</u>.
ルーシーはいつも息子の無事を案じている。

セーフティーボックス（金庫）は和製英語；
英語では a safe

174 scream
[skríːm] ⓥ

動 叫び声をあげる；悲鳴をあげる
名 叫び声；悲鳴

The man <u>screamed</u> in pain.
その男性は痛みのあまり叫び声をあげた。

有名な絵画「ムンクの叫び」の英語名は
The Scream

175 serious
[síəriəs] ⓇⓁⓌⓈ

形 真面目な；真剣な；重大な
seriously **副** 本気で；真面目に

Global warming is a <u>serious</u> threat to the environment.
地球温暖化は環境にとって深刻な脅威である。

a serious problem で「深刻な問題」

176

sharp

[ʃɑ́ː(r)p] Ⓥ Ⓡ Ⓢ

形 鋭い；急激な；頭の回転が速い；明確な

sharply 副 急に；鋭く

This knife has a very sharp blade.

このナイフは刃が鋭い。

💡 sharpは意味の広い語で、「人にだまされない抜け目のなさ」という意味もある

177

shelter

[ʃéltər] Ⓡ Ⓛ

名 避難所；シェルター

They stayed at a shelter for the earthquake victims.

彼らは震災被災者のための避難所に滞在していた。

💡 核シェルターでおなじみ
「衣食住」はfood, clothing and shelter

178

shy

[ʃái] Ⓡ Ⓢ

形 恥ずかしがりの；内気の

George is very shy with strangers.

ジョージはとても人見知りだ（知らない人に対してとても恥ずかしがる）。

💡 「シャイな人」など日本語でもおなじみ
a shy smileで「はにかんだほほ笑み」

179 silly
[síli] ℝ ℒ

形 愚かな；浅はかな

I made a lot of <u>silly</u> mistakes.

私はばかばかしい間違いをたくさんした。

💡 同意語のstupid ＞ foolish ＞ sillyの順で意味が弱くなる

180 sink
[síŋk] Ⓥ ℝ

動 沈む；沈没する
活用：sink-sank-sunk

The boat began to <u>sink</u> after hitting the rocks.

岩礁にぶつかった後、船は沈み始めた。

💡 動詞の活用はbeginと同じタイプ

181 skip
[skíp] Ⓥ ℒ

動 ～を省略する；さぼる

Don't <u>skip</u> breakfast.

朝食は抜かないように。

💡 「スキップ（跳ね回る）」は日本語になっている
skip schoolで「学校をさぼる」

Week 1 (2)

182 **specific**

[spəsífik] V R

形 特定の；具体的な
名 詳細；細目

Please be specific about that point.
その点について具体的に言ってください。

💡 specific age groups(特定の年齢層)のように「特定の」の意味では
particularと同義

183 **spirit**

[spírət] V R L

名 精神；心；霊魂

He is noble and generous in spirit.
彼は精神的に高貴で寛大である。

💡 the Holy Spiritはキリスト教の「聖霊」

184 **strength**

[stréŋ(k)θ] V R

名 力；体力；長所
strong 形 強い

Mike didn't have the strength to stand up.
マイクは立つ力さえなかった。

💡 支配力を表すpowerと違って、持久力を表す
national strengthで「国力」

185 stress

[strés] ® ⑤

名 ストレス；緊張；重視；圧力
動 強調する；重視する

You need to find ways of dealing with <u>stress</u>.

あなたはストレスに対処する方法を見つけないといけませんね。

☞ 「ストレスを発散する」は
release[relieve] one's stress

186 stupid

[stúːpəd] ® ⓛ

形 ばかな；愚かな

It was <u>stupid</u> of me to give her money.

彼女にお金を渡した自分がばかだった。

☞ foolishは「判断がおかしい」、stupidは「バカすぎていらいらする」という
ニュアンス

187 succeed

[səksíːd] ® ⓛ

動 成功する；〜の後を継ぐ
success **名** 成功
successful **形** 成功した；勝ち組の

Bob <u>succeeded</u> in his business.

ボブはビジネスで成功した。

☞ succeed to ~ (〜を継ぐ)も覚えよう！
「彼の財産を相続する」ならsucceed to his fortune

Week 1
②

188 suitable
[súːtəbəl] Ⓥ Ⓡ

形 ふさわしい；適切な
suit 動 ～に合う；～に似合っている

The show is not <u>suitable</u> for young children.
その番組は幼い子どもには向いていない。

💡 「ふさわしい人」は a suitable person より the right person を使うことが多い

189 surround
[səráund] Ⓡ

動 囲む；包囲する
名 周囲；環境

My house is <u>surrounded</u> by trees.
私の家は木に囲まれている。

💡 スピーカーのサラウンド機能は周囲を取り囲むように聞こえるところから

190 talent
[tǽlənt] Ⓡ Ⓛ

名 才能；素質；才能のある人
talented 形 才能のある

The little boy has a great <u>talent</u> for painting.
その小さな男の子は素晴らしい絵の才能がある。

💡 日本でいうところの「テレビタレント」は、英語では a TV personality と言う

191

technology
[teknάlədʒi] Ⓥ Ⓡ Ⓦ Ⓢ

名 技術；テクノロジー

Some old people can't use new <u>technology</u>.

新しい技術を使えないお年寄りもいる。

🤚 IT は information technology の略

192

terrible
[térəb(ə)l] Ⓡ Ⓢ

形 ひどい；最悪の

That was a <u>terrible</u> accident.

それは悲惨な事故だった。

🤚 言い換えると very bad だが、強調する時は
so terrible、too terrible となる

193

therefore
[ðérfɔ̀r] Ⓡ Ⓦ

副 それゆえに；つまり

This sofa is bigger, and <u>therefore</u> more comfortable.

このソファーはより大きいので、よりくつろげる。

🤚 話し言葉では so を用いる
副詞なので、前文と1文にするには and therefore と and が必要
I think. Therefore, I exist.（われ思う、故にわれあり）はデカルトの名言

194
tight
[táit] **V** **W**

形 きつい；ぴったりと；厳重な
反 loose 形 緩い

This shirt is too <u>tight</u> around the chest.
このシャツは胸のあたりがきつすぎる。

💡 a tight scheduleで「きついスケジュール」の意味、「ハードスケジュール」
は和製英語

195
track
[trǽk] **V** **L**

名 足跡；通った後；電車の線路
動 跡をたどる

Their <u>tracks</u> were left in the snow.
雪の上に彼らの足跡が残っていた。

💡 keep track of ~（～の跡をたどる）も覚えよう！

196
traditional
[trədíʃənəl] **R** **L** **S**

形 伝統の；伝説の
tradition 名 伝統；慣習

The kimono is a <u>traditional</u> Japanese dress.
着物は日本の伝統的な服である。

💡 ファッションの「トラッド」は「トラディショナル
スタイル」の略称で和製英語

197 victory

[víktəri] ®

名 勝利
反 defeat 名 敗北

Our team won the <u>victory</u>.

私たちのチームが勝利を勝ち取った。

💡 VサインのVはvictoryのv
victory or defeatで「勝ち負け」

198 wealth

[wélθ] Ⓥ ®

名 富；財産
wealthy 形 裕福な；富んだ

Expensive cars are a symbol of <u>wealth</u>.

高級車は富の象徴だ。

💡 wealthyはrichよりも長期的に安定した
裕福さを表す
a wealthy familyで「裕福な家柄」

199 whisper

[wíspər] ®

動 ささやく；ひそひそ話す
名 ささやき；小声

The old lady always <u>whispers</u> in a low voice.

その老婦人はいつも低い声でささやくように話す。

💡 answer in a whisperで「小声で答える」

Week 1
②

200
wise
[wáiz] ℝℒ

形 賢い；賢明な

You've made a <u>wise</u> decision.
賢明な決断をしましたね。

 wise は知識と経験が豊富で判断力が高いこと
it is wise (of you) to ~（〜するのは賢明だ）
の形も覚えよう！

Review Quiz 2

日本語に合うように、空所に英単語を入れましょう。

1. まず、紙を半分に折ってください。

First, _____ the paper in half.

2. その島は観光に大きく依存している。

The island _____ heavily on tourism.

3. あなたのご健康をお祈りします。

I _____ for your health.

4. 私は個人の意見に耳を傾けるようにしている。

I try to listen to _____ opinions.

5. ビリーは自分の答えは正しいと主張した。

Billy _____ that his answer was right.

6. 地球は太陽から三番目の惑星だ。

The earth is the third _____ from the sun.

7. 私の家は木に囲まれている。

My house is _____ by trees.

8. メグはその状況をとてもうまく処理した。

Meg _____ the situation very well.

9. 日本は米国と良好な関係を維持したいと考えている。

Japan wants to maintain good _____ with the US.

10. メアリーは平静で自信に満ちた女性だ。

Marry is a _____ and confident woman.

11. 香港はかつてのイギリスの植民地だ。

Hong Kong is a _____ British colony.

12. その会社はアジア諸国に車を輸出している。

The company _____ automobiles to Asian countries.

正解　1. fold　　　　4. individual　　7. surrounded　　10. calm
　　　2. depends　　5. claimed　　　8. handled　　　11. former
　　　3. pray　　　　6. planet　　　　9. relations　　12. exports

84

英検準2級合格必須
単語200をマスター！

①

201 accent

[ǽksent] Ⓥ Ⓡ Ⓛ Ⓦ

名 なまり；アクセント；強調

The old man has a strong <u>accent</u>.

その老人はなまりが強い。

💡 speak with an Indian accent は「インドなまりで話す」

202 access

[ǽkses] Ⓥ

名 アクセス；〜を利用できる権利；〜への入り口

The students have <u>access</u> to the library.

生徒はその図書館を利用できる（権利がある）。

💡 「インターネットへのアクセス」(internet access)はこの単語を使った表現

203 actually

[ǽktʃuəli] Ⓥ Ⓡ Ⓛ Ⓦ

副 実際に

actual 形 実際の；現実の

He got mad at me, but <u>actually</u> it wasn't my fault.

彼は私に腹を立てたが、実際、私に落ち度はない。

💡 actual(実際の)と比べると、real は本物・本当であることを重視・強調するニュアンスを含む

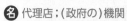
204

agency
[éidʒənsi] **R L**

名 代理店；(政府の) 機関
agent 名 代理人；仲介人；スパイ

Lisa works for an advertising agency.
リサは広告代理店に勤めている。

💡 アメリカのCIA(中央情報局)は the Central Intelligence Agencyの略

Week 2
①

205

agree
[əgríː] **V L W S**

動 同意する；合意する
agreement 名 協定；契約；同意

The two companies agreed on the final decision.
2社は最終決議に合意した。

💡 make an agreement with~
(～と協定を結ぶ)の形も覚えよう！

206

ankle
[æŋkl] **R L**

名 足首；くるぶし

Nancy fell and injured her ankle.
ナンシーは転んで足首を痛めた。

💡 uncleと聞き間違えないように注意しよう！
足首を飾るアンクレット(anklet)はここから
来ている

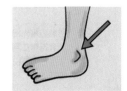

207 anniversary

[ǽnivə́ːrsəri] Ⓥ Ⓡ Ⓛ

🏷 記念日；〜周年；記念祭

It is our wedding anniversary today.

今日は私たちの結婚記念日だ。

💡 お祝いの記念日だけでなく命日もこの単語を使う

208 appear

[əpíər] Ⓥ Ⓡ

🏃 現れる；〜のように見える
appearance 🏷 外見；出現
反 disappear 🏃 消える

The audience was excited when the actor appeared on the stage.

俳優が舞台に現れた時、観客は興奮した。

💡 appearは外見的にそう見えるという表現で、seem(〜のようだ)には話し手が主観的に見て、というニュアンスがある

209 arrival

[əráivəl] Ⓡ Ⓛ

🏷 到着；出現；到来
arrive 🏃 到着する；着く

We are waiting for our daughter's arrival.

私たちは娘の到着を待っている。

💡 空港の電光掲示板のarriving(到着)は旅客機が滑走路に到着したことを、arrived(到着済)は全ての荷物が引き渡し場に搬出されたことを意味する

Week 2 ①

210
awake
[əwéik] **V L**

形 目が覚めて；眠らずに
動 目が覚める；起こす
活用：awake-awoke- awoken

I was wide <u>awake</u> until 4am.
午前４時まで目が覚めて眠れなかった。

💡 stay awakeで「眠らないでいる」

211
battle
[bǽtl] **R L**

名 戦闘；戦い
動 戦う；奮闘する

They are now ready for the <u>battle</u>.
彼らは戦闘態勢に入っている。

💡 fightは「たたかい」全般で、battleは組織的で大規模な戦いが多い

212
beg
[bég] **L**

動 懇願する；頼みこむ

The man <u>begged</u> for forgiveness.
その男性は許しを請うた。

💡 I beg your pardon?「もう一度言って
いただけますか」はよく使う口語表現

Please! Please!

213 behavior
[bihéivjər] **V** **W**

名 行動；態度
behave 動 ふるまう；行動を取る

I was surprised by his behavior.
私は彼の行動に驚いた。

💡 action は「ある目的を達成するための行動」、
behavior は「他人やある状況に対するふるまい」
を意味する

214 bitter
[bítər] **L**

形 苦い；厳しい

The medicine tasted bitter.
その薬は苦かった。

💡「ビターチョコレート」などでおなじみ

215 bomb
[bám] **R** **L**

名 爆弾

The bomb exploded in front of the post office.
爆弾が郵便局の前で爆発した。

💡 発音に注意！
an atomic [a nuclear] bomb で「核爆弾」

216 bow
[báu]

動 お辞儀する；屈服する

James <u>bowed</u> deeply to the customer.
ジェームスはその顧客に向かって深々と頭を下げた。

発音に注意！
bow to pressureで「圧力に屈する」

217 brave
[bréiv]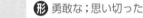

形 勇敢な；思い切った

The general was <u>brave</u> and strong.
その将軍は勇敢で強かった。

a brave decisionで「思い切った決断」

218 broad
[brɔ́:d]

形 幅の広い；広範囲な；一般的な

Tim has a <u>broad</u> knowledge of Japanese history.
ティムは日本の歴史について幅広い知識を持っている。

wideは物理的な、broadは精神的な要素が強い
wide-mouthed（口が大きい）に対し、broad-mindedは「心が広い」

219 burn
[bə́:rn] V R W S

動 燃える；燃やす；やけどする
名 やけど；日焼け

More than 100 homes have <u>burned</u> down in the great fire.

その大火災で100軒以上の家が焼失した。

💡 I burn easily. で「私は日焼けしやすい。」
動詞活用は burn-burned-burned / burn-burnt-burnt

220 casual
[kǽʒuəl] V L S

形 形式ばらない；無頓着な；臨時雇いの
反 official 形 正式の；公式の

He always wears <u>casual</u> clothes.

彼はいつも普段着（形式ばらない服装）だ。

💡 日本語でもよく「カジュアルな服装」なとと言う
casual workers は「臨時雇い」

221 ceremony
[sérəmòuni] R L

名 式；儀式

We held our wedding <u>ceremony</u> at this hotel.

このホテルで結婚式を挙げました。

💡 「セレモニー」は日本語になっている
「卒業式」は a graduation ceremony

222
code
[kóud] Ⓡ

名 コード；暗号；法；規範

A Japanese company developed the QR code.

ある日本の会社が QR コードを開発した。

💡 a dress code(ドレスコード)は「服装規定」で、短パンやサンダルなどを禁止する高級ホテルやレストランもある

223
connection
[kənékʃən] ⓋⓇ

名 関連；つながり
connect 動 ～をつなぐ；～を結合する

Let's check the connection between the two events!

二つの事件の関連を調べてみよう。

💡 日本語の「コネを使う」のコネはここから

224
consist
[kənsíst] ⓋⓇ

動 (～から)成る；成り立つ
consistent 形 矛盾のない；着実な

The band consists of four people.

そのバンドは4人構成だ。

💡 consist of~(～から成る)は重要表現！

225 constant
[kánstənt] ®

形 絶え間のない；一定の
constantly 副 絶えず；いつも

I have a <u>constant</u> pain in my stomach.

ずっとおなかが痛い。

💡 日本語で言うところの「コンスタントに働く」
は work constantly

226 contain
[kəntéin] ⓥ®

動 含む；抑える
container 名 容器

Strawberries <u>contain</u> more vitamin C than oranges.

いちごはみかんよりも多くのビタミンCを含む。

💡 コンテナとは小物から貨物までを入れる様々な「容器」のこと

227 continent
[kántənənt] ⓥ®

名 大陸

Australia is the world's smallest <u>continent</u>.

オーストラリアは世界最小の大陸だ。

💡 the Continent で「ヨーロッパ大陸」を意味することも！
ホテルや航空会社の名前によく使われている語

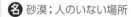

228
desert
[dézərt]　　Ⓡ Ⓛ

名 砂漠；人のいない場所

The Sahara <u>Desert</u> is a <u>desert</u> on the African continent.
サハラ砂漠はアフリカ大陸にある砂漠だ。

💡 食後のデザート（dessert [dizə́ːrt]）は
　　sが二つで、二つめのeの上にアクセント

Week 2

①

229
distance
[dístəns]　　Ⓥ Ⓡ

名 距離；隔たり
distant 形 遠い；離れた

Keep your <u>distance</u> from each other.
お互い距離を取ってください。

💡 「ソーシャルディスタンス」は英語では
　　social distancingが一般的

230
dozen
[dʌ́zən]　　Ⓡ

名 12個；ダース

I want you to buy a <u>dozen</u> eggs.
卵を1パック（12個）買ってきてほしい。

💡 dozens of ~（何十もの~）は頻出熟語
　　日本語のダースはdozenがなまったもの

231
earthquake
[ə́:rθkwèik] R L W

名 地震

There was an <u>earthquake</u> last night.
昨夜、地震があった。

💡 earth（地球）+quake（揺れる）→eathquake
（地震）となった

232
effective
[iféktiv] R W

形 効果的な；有効な
effect 名 効果；効き目

The treatment was very <u>effective</u>.
その治療は非常に効果的であった。

💡 映像や音楽などで使う「エフェクト」という用語は
ここから来ている

233
entrance
[éntrəns] V R W

名 入口；入場
enter 動 ～に入る

He was able to pass the <u>entrance</u> examination.
彼は入学試験に合格した。

💡 「ホテルのエントランス」など、日本でも使われる表現

234 equal

[íːkwəl] **V S**

形 等しい；相等の
equally 副 等しく；均一に

Men and women should have <u>equal</u> rights.

男性と女性は平等の権利を持つべきだ。

👆 the Equal Employment Opportunity Act
は「雇用機会均等法」
日本語では「イコール」と言っている

235 eventually

[ivéntʃuəli] **V R**

副 最後に；ついに

She <u>eventually</u> became the president.

彼女はついに社長になった。

👆 sooner or later、in the endで言い換えができる

236 fond

[fánd] **V**

形 好きな；愛情のある

Lily is really <u>fond</u> of Marilyn.

リリーはマリリンが大好きだ。

👆 be fond of~(~が好きだ)は必須表現で、
「長年の付き合いがあって継続的に好きだ」という意味

237 foolish

[fúːliʃ] Ⓥ Ⓡ

形 愚かな；ばかげた
fool 名 ばか者；愚か者

I was <u>foolish</u> to trust him.

私は愚かにも彼を信じてしまった。

💡 foolishは「判断力がなく愚か」、stupidは「いら立つくらいバカ」、sillyは「マヌケ」というニュアンス

238 geography

[dʒiágrəfi] Ⓥ Ⓡ

名 地理；地理学；地形

Mr. Williams is a <u>geography</u> teacher.

ウイリアム氏は地理（学）の先生だ。

💡 I am weak at geographyで「私は地理に疎いです」

239 giant

[dʒáiənt] Ⓡ

形 巨大な；特大の
名 巨人；巨大企業

I found a <u>giant</u> ant in my house.

家で巨大なアリを見つけた。

💡 an IT giantで「ITの巨大企業」

240

grain
[gréin] Ⓡ

名 穀物；穀類；一粒

Is rice a <u>grain</u>? Yes, it is.
お米は穀物ですか？ そうですよ。

☞ a grain of ~ で「ほんの少しの〜、一粒の〜」
「ひとつまみの塩」は a grain of salt

Week 2

①

241

grade
[gréid] ⓋⓇⓌⓈ

名 等級；学年；成績；グレード

My sister always gets good <u>grades</u> in school.
私の姉(妹)はいつも学校で良い成績を取る。

☞ 海外では小中高一貫制の学校も多く、I am in the twelfth grade.（私は12
年生＝高校3年生だ）と言う場合もある
日本でも「高級」の意味で「ハイグレード」と言うことがある

242

heaven
[hév(ə)n] Ⓡ

名 天国；天；楽園

What do you think <u>heaven</u> is like?
天国はどんな所だと思いますか？

☞ heaven and hell は「天国と地獄」

243 highly
[háili] ®

副 高く；大いに；非常に
high **形** 高い

Sam is a <u>highly</u> skilled carpenter.
サムはとても腕の良い大工だ。

💡 veryは動詞を修飾しないが、highlyはhighly recommend（強く勧める）のように動詞も修飾するし、硬い表現

244 incident
[insidənt] Ⓥ®

名 出来事；事件；事故

The plane landed without <u>incident</u>.
飛行機は無事に（事故を起こすことなく）着陸した。

💡 深刻な怪我や損害を引き起こす事故はa car accident（自動車事故）のようにaccidentを使うのが一般的

245 injury
[índʒəri] ®Ⓛ⑤

名 けが；負傷
injure **動** けがをさせる；傷つける

I got a burn <u>injury</u> while I was cooking.
私は料理を作っている時にやけど（高温によるけが）をした。

💡 injuryは事故によるけが、woundは銃や刃物によるけがや血が出ているイメージのけが

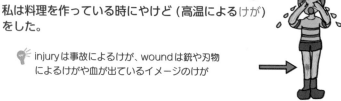

246
instead
[instéd] Ⓥ Ⓡ Ⓛ Ⓦ

剾 その代わりに

We couldn't go to the movie so we watched TV <u>instead</u>.

私たちは映画に行けなかったので、代わりにテレビを観た。

🖐 instead of~(〜の代わりに)は重要な頻出表現！

Week 2

①

247
intelligent
[intélidʒənt] Ⓥ Ⓡ

圀 知能が高い；知的な
intelligence **名** 知能；知性

Jimmy the monkey is highly <u>intelligent</u>.

猿のジミーは非常に知能が高い。

🖐 intelligentは機械や建物や動物にも使える
AI(人工知能)は artificial intelligenceの略

248
internet
[íntərnèt] Ⓡ Ⓛ Ⓦ Ⓢ

名 インターネット

I like shopping on the <u>Internet</u>.

私はインターネットで買い物をするのが好きだ。

🖐 元は固有名詞(the Internet)だが、インターネットの普及とともに、最近は
普通名詞(the internet)として用いられるようになってきた

249 knee

[níː] **V** **L**

名 ひざ

I got an injury in my <u>knee</u>.
ひざをけがした。

💡 プロレス技に「ニードロップ（ひざ落とし）」
がある
on one's kneesで「ひざまずいて、正座して」

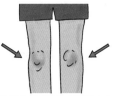

250 labor

[léibər] **R**

名 労働；労働者；労働力

There is a <u>labor</u> shortage in factories in Japan.
日本の工場は労働力不足だ。

💡 ILO（国際労働機関）は
The International Labor Organizationの略

251 lean

[líːn] **R**

動 （上体を）傾ける；曲げる；傾く
活用：lean-leaned / leant-leaned / leant

Don't <u>lean</u> against the door.
ドアにもたれかからないように。

💡 the Leaning Tower of Pisaは「ピサの斜塔」

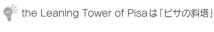

252

lend
[lénd]　ⓥⓡⓛ

動 貸す；貸与する
活用：lend-lent-lent

反 borrow 動（無料で）借りる

Could you lend me some money?

いくらかお金を貸していただけませんか。

💡 Lend me a hand. で「手を貸してください」
lendは「無料で貸す」、rent out は「有料で貸す」

253

loose
[lúːs]　ⓥ

形 ゆるい；ぐらついた
反 tight 形 きつい

One of my buttons on my shirt is loose.

シャツのボタンの一つがゆるんでいる。

tight　　loose

💡 a loose blouseで「ブカブカのブラウス」
日本で「だらしない」の意味で使う「ルーズ」は、
英語ではlooseやcareless

254

mass
[mǽs]　ⓡ

名 大量；塊；集団
形 大量の；大衆の

They have collected a mass of data.

彼らは大量のデータを集めた。

💡 「マスコミ」は英語ではthe mass mediaと言う

255 mental
[mént(ə)l] ®

形 心の；精神の

Many people suffer from <u>mental</u> illness due to stress today.

今日、多くの人がストレスによる精神的な病気を患っている。

💡 「メンタルを強くしよう！」など、日本語では名詞のように使っている

256 merry
[méri] ®

形 陽気な；お祭り気分の

Anne replied in a <u>merry</u> voice.

アンは陽気な声で答えた。

💡 Merry Christmas! のフレーズはあまりにも有名！

257 method
[méθəd] ®Ⓛ

名 方法；方式

The teacher adopted a new <u>method</u> of teaching.

先生は新しい教授方法を採用した。

💡 methodはway（方法）よりも特別で体系的に確立された方法を指す

258 native
[néitiv]

形 出身の；母語の；ネイティヴの
名 先住民；ネイティブ

English is her <u>native</u> language.
英語は彼女の母語だ。

💡「（英語の）ネイティブの先生」は a native speaker teacher か、a native English-speaking teacher

①

259 necessary
[nésəsèri]

形 必要な；必然の
necessarily 副 必然的に
反 unnecessary 形 不要の

It is <u>necessary</u> to follow the instructions.
手順に従う必要がある。

Bigger is not necessarily better.

💡 Not necessarily.（そうとは限りません）は よく使う口語
a necessary condition は「必要条件」

260 needle
[ní:dl]

名 針；縫い針；注射針

Give me a <u>needle</u> and thread.
糸を通した針をちょうだい。

💡 the needle で「麻薬の注射、麻薬」という意味もある

261 nest

[nést] ®

名 巣；(犯罪者の)巣窟

Swallows make their <u>nests</u> under the roof.

ツバメは屋根の下に巣を作る。

💡 empty nest syndrome(空の巣症候群)は
子どもが独立して家を出た後で親が陥る憂鬱症

262 nod

[nád] ®

動 うなずく；相づちを打つ
名 うなずき

My father <u>nodded</u> in agreement.

父は同意してうなずいた。

💡 give a nod(うなずく)も覚えよう！

263 officer

[ɔ́fisər]

名 将校；警官；役員

Tommy was an <u>officer</u> in the army.

トミーは軍隊(陸軍)の将校だった。

💡 CEO(最高経営責任者)はthe chief executive
officerの略
"Officer"(「お巡りさん」)の呼びかけ表現は重要！

264

opportunity

[ὰpərtʃúnəti] **V R S**

名 機会；好機；チャンス

This is a wonderful business opportunity.

これは絶好のビジネスチャンスだ。

I got a job!!

💬 chanceは「偶然にもたらされた機会」で、
opportunityは「自分で望んで作った機会」

265

passage

[pǽsidʒ] **R L S**

名 通路；廊下；(音楽、文章の)一節

The rest room is at the end of the passage.

トイレは廊下の突き当たりにある。

💬 本や曲などの短い一部分はpassageと言う

266

permit

[**動** pərmít **名** pɔ́ːrmit] **V R**

動 ～を認める；許可する；許す
名 許可(証)

Smoking is not permitted in this building.

当ビル内は禁煙です(喫煙は許されていない)。

💬 permit は特に公式に許可する場合が多く、
書き言葉でよく使う
日常的にはallowがよく用いられる

Not Permitted

267 pleasure

[pléʒər] **L S**

名 楽しさ；喜び；満足感

It's my pleasure to meet you.

お会いできてうれしいです。

お礼の言葉に対する返答のIt's my pleasure.（どういたしまして）も覚えよう！

268 possibility

[pɑ̀səbíləti] **V R L W**

名 可能性；実現性
possible **形** 可能な

There is a possibility of snow tonight.

今晩、雪になる可能性がある。

「高い可能性」はa strong/high possibility
「低い可能性」はa little possibility/a few possibilities

269 reasonable

[ríːznəb(ə)l] **R L**

形 分別のある；理にかなった；手頃な
reason **名** 理由；分別

The price of the product is reasonable.

商品の値段はお手頃だ。

reasonable price（手頃な値段）は
cheap（安い）と違い、品物の割に安く
納得のできる値段

270

reform

[rifɔ́rm]

名 改革；改正
動 改革する；改善する

The government has started the tax <u>reform</u>.

政府は税制改革に着手した。

💡 家の改装のリフォームは和製英語で、英語ではリノベーション (renovation) が一般的

Week 2 ①

271

relative

[rélətiv]

名 親族
形 相対的な；関係のある

Is she a <u>relative</u> of yours?

彼女はあなたの親族ですか？

💡 relative 自体を「親戚」と訳すと誤解を招く
自分の両親は one's closest relative
a distant relative で「遠い親戚」

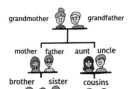

grandmother　grandfather

mother　father　aunt　uncle

brother　sister　cousins

272

risk

[rísk]

名 危険性；おそれ
動 ～を危険にさらす

There is a <u>risk</u> in everything.

何事にもリスク (危険性) はある。

💡 「リスクがある」「リスクを伴う」など、
日本でも日常的に使う

109

273 selection

[səlékʃən]

名 選択；選抜
select 動 選ぶ；選抜する

The store has a good <u>selection</u> of furniture.

その店は家具の品ぞろえが良い
（良い家具を選んでいる）。

selectionは多くの中から吟味して選ぶ
イメージで、二者択一の時は使わない

274 shade

[ʃéid]

名 陰；日陰；色合い

We had lunch in the <u>shade</u>.

私たちは日陰で昼食をとった。

shadeは日陰などのぼんやりした陰、
shadowは物や人の形がはっきり分かる影
「木陰」はthe shade of a tree

275 shock

[ʃák]

動 ショックを与える；ひどくびっくり
させる
名 衝撃；衝撃的な出来事
shocking 形 衝撃的な；ショックな

I was <u>shocked</u> at his behavior.

私は彼の態度にショックを受けました。

shockは「ショックを与える」で、人がショック
を受ける時はbe shockedかget shocked
なので気をつけよう！

276 sigh
[sái] ®

名 ため息
動 ため息をつく;吐息をつく

He gave a deep <u>sigh</u>.
彼は深くため息をついた。

💡 sigh with reliefで「ほっとため息をつく」

277 slave
[sléiv] ®

名 奴隷;とりこ
動 奴隷のように働く

They treated him like a <u>slave</u>.
彼らは彼を奴隷のように扱った。

💡 become a slave to ~ で「~のとりこになる」
a slave driverは「人使いの荒い人」という意味

278 smart
[smárt] ⓛⓦⓢ

形 賢い;おしゃれな

Greg is the <u>smartest</u> student in the whole school.
グレッグは学校で一番頭の良い生徒だ。

💡 「細い」という意味での「スマート」は
和製英語で、英語ではslimと言う

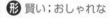

111

279 soul

[sóul] **R** **L**

名 魂；心

That's like selling your soul.

それは魂を売るようなものだ。

💡 ソウルミュージック(soul music)はゴスペルや
リズム＆ブルースを融合したアメリカ発祥の音楽

280 statue

[stǽtʃuː] **V** **R** **S**

名 像；彫像

This statue is made of wood.

この像は木製だ。

💡 ニューヨークの「自由の女神」は
the Statue of Liberty

281 storm

[stɔ́ːrm] **V** **R** **L**

名 嵐；暴風雨；急襲
動 天候が荒れる；〜を急襲する

A terrible storm hit the area.

激しい嵐がその地域を襲った。

💡 It stormed last night.(昨晩は嵐だった)のように、
動詞の使い方も覚えよう！

282

stream

[strí:m] Ⓥ Ⓡ

名 流れ；川(特に小川)；傾向

There is a <u>stream</u> behind my house.

家の裏には小川が流れている。

💡 「小さな川」はstreamで、「大きな川」はriver
an air streamで「気流」

Week 2

①

283

stuff

[stʌf] Ⓡ Ⓢ

名 物；持ち物

What's this soft <u>stuff</u>?

この柔らかい物は何？

💡 口語ではthing よりstuffを使うことが多い
スタッフ(staff)と混同しないように！

284

sudden

[sʌ́dən] Ⓥ Ⓡ

形 突然の；思いがけない
suddenly 副 突然に；不意に

There was a <u>sudden</u> change in the weather.

天候が急変した(突然変わった)。

💡 all of a sudden(急に、突然)は頻出熟語

285 thunder
[θʌ́ndər] Ⓛ

名 雷鳴；雷の音

I heard the <u>thunder</u> in the distance.
遠くで雷の音が聞こえた。

💡 英語では雷を一言で表現する単語はなく
雷音(thunder)と稲光(lightning)で
表現する

thunder　lightning

286 tie
[tái] ⓇⓈ

動 結ぶ；縛る
名 つながり；同点；ネクタイ

Would you <u>tie</u> the newspapers together for me?
新聞を縛ってもらえますか？

💡 スポーツで「タイ（同点）になる」と言う
tie one's shoesで「靴のひもを結ぶ」

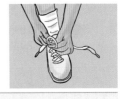

287 tough
[tʌ́f] ⓋⓇⓁ

形 困難な；丈夫な；たくましい

Ron has had a <u>tough</u> life.
ロンはつらい生活を送ってきた。

💡 日本では「屈強な」の意味で「タフ」を使うが、それ以外にもtough law(厳しい法律)、tough beef(硬い牛肉)などたくさんの意味がある

288
typical
[típikəl] ⓋⓇⓁ

形 典型的な；代表的な
type 名 型；タイプ

This is a <u>typical</u> Japanese sushi restaurant.
これが典型的な日本の寿司店だ。

👆 a typical Japanese で「典型的な日本人」
「平均的な日本人」は an average Japanese

Week 2
①

289
ugly
[ʌ́gli] Ⓡ

形 醜い；見苦しい

The building is the oldest and <u>ugliest</u> in town.
その建物は街で一番古くて見た目が悪い。

👆 アンデルセンの『醜いアヒルの子』は The Ugly Duckling,
比較級 uglier, 最上級 ugliest

290
unusual
[ʌnjúːʒuəl] ⓋⓇⓁ

形 普通でない；異常な；並外れた
反 usual 形 普通の；いつもの

The weather is <u>unusual</u> today.
今日の天気は異常だ。

👆 良い意味でも悪い意味でも並外れた様子を表す

291

unite

[junáit] **V R L**

動 一体化する；団結する（させる）(≒ connect)

The local people <u>united</u> against the dam development plan.

地元の人々は団結して、そのダム開発計画に反対した。

 アメリカの正式名称はthe United States of America（アメリカ合衆国）

292

violent

[váiələnt] **R L**

形 暴力的な；激しい

violence 名 暴力；乱暴

He is a <u>violent</u> and dangerous man.

彼は暴力的で危険な男だ。

 a violent movie（暴力シーンの多い映画）は よく出るトピック、自分の意見を述べる準備 をしよう！

293

visible

[vízəb(ə)l] **R**

名 目に見える；明らかな

vision 名 視力；ビジョン

The moon craters are clearly <u>visible</u> with a telescope.

望遠鏡で月のクレーターがはっきりと見える。

 televisionと同じで "vis（見る）" を含んでいる a visible sign で「明らかな兆し」

294

voyage

[vɔ́iidʒ] **V R**

名 船旅；航海；空［宇宙］の旅

We want to go on a <u>voyage</u> to the Caribbean.

私たちはカリブ海へ船旅に出たいと思っている。

💡 voyageは遥か遠く、海の向こうや宇宙へと行く旅のこと
「月旅行」はa voyage to the moon

Week 2

①

295

wallet

[wɑ́lət] **L**

名 財布；札入れ

How much do you have in your <u>wallet</u>?

お財布の中にいくら入っているの？

💡 wallet software(ウォレット・ソフト)はオンラインで買い物をする時の電
子マネーを管理するソフト
a walletはお札入れで、小銭入れはa coin purse

296

weapon

[wépən] **R L W**

名 武器；兵器

The army got stronger <u>weapons</u>.

その軍はより強力な武器を手に入れた。

💡 a secret weaponで比喩的に「秘密兵器、
奥の手」

297 whole

[hóul] Ⓥ Ⓡ

形 全体の
名 全体；完全なもの

I spent the <u>whole</u> day sleeping.

私は丸一日（一日のすべてを）、寝て過ごした。

💡 a whole cake（ホールケーキ）とはケーキ丸ごと一つのこと

298 wisdom

[wízdəm] Ⓡ

名 知恵；分別；賢明さ

<u>Wisdom</u> is knowledge and experience.

知恵とは知識と経験を兼ね備えていることだ。

💡 a wisdom toothで「親知らず」

299 yell

[jél] Ⓡ

動 大声をあげる；怒鳴る
名 叫び声；怒号；エール

The big man was always <u>yelling</u> at the boys.

その大男はいつも少年たちに怒鳴っていた。

💡 You don't have to yell.「（わかったから）怒鳴らなくてもいいでしょう」
はよく使う口語表現

300

youth
[júːθ] **V** **R**

名 青春時代；若い頃；(集合的に)若い
人たち

Curiosity is a sign of youth.

好奇心は若さの証拠である。

💡 in one's youth で「若い時には、青春時代には」

Week 2

①

Review Quiz 3

日本語に合うように、空所に英単語を入れましょう。

1. ひざをけがした。
I got an injury in my _____ .

2. オーストラリアは世界最小の大陸です。
Australia is the world's smallest _____ .

3. 今晩、雪になる可能性がある。
There is a _____ of snow tonight.

4. ドアにもたれかからないように。
Don't _____ against the door.

5. 2 社は最終決議に合意した。
The two companies _____ on the final decision.

6. これは絶好のビジネスチャンスだ。
This is a wonderful business _____ .

7. 私たちは映画に行けなかったので、代わりにテレビを観た。
We couldn't go to the movie, so we watched TV _____ .

8. これが典型的な日本の寿司店だ。
This is a _____ Japanese sushi restaurant.

9. 当ビル内は禁煙です
Smoking is not _____ in this building.

10. ジェームスはその顧客に向かって深々と頭を下げた。
James _____ deeply to the customer.

11. 政府は税制改革に着手した。
The government has started the tax _____ .

12. ツバメは屋根の下に巣を作る。
Swallows make their _____ under the roof.

正解 1. knee 4. lean 7. instead 10. bowed
2. continent 5. agreed 8. typical 11. reform
3. possibility 6. opportunity 9. permitted 12. nests

120

英検準2級合格必須
単語200をマスター！

301

absolutely
[ǽbsəlùːtli] **R L**

副 完全に；まったく；絶対的に
absolute **形** 完全な；絶対的な

The boy is <u>absolutely</u> innocent.
その少年は絶対に無実だ。

💡 「絶対違う！」ならAbsolutely not!

302

achieve
[ətʃíːv] **V R**

動 ～を成し遂げる；達成する；獲得する
achievement **名** 達成；業績；学業成績

He <u>achieved</u> his goal of winning the championship.
彼は優勝する目標を達成した。

💡 an achievement testは「到達度（学力）テスト」

303

admit
[ədmít] **V R**

動 ～を（事実と）認める；～を許可する
admission **名** 入場許可

He <u>admitted</u> his mistake.
彼は過ちを認めた。

💡 主に、自分に不利なことをしぶしぶ認める時に使う
an admissions officeは「入学事務局」

304 advantage
[ədvǽntidʒ] ⓥⓡⓛ

名 有利（なこと）；好都合；強み

反 disadvantage 名 不利な立場（状態、条件）；不都合（なこと）

I took <u>advantage</u> of the good weather for laundry.
天気の良さを利用して洗濯をした。

💡 テニスで審判のコール "Advantage Nishikori(錦織)!" は、錦織選手が1点先行して有利ということ

Week 2 ②

305 advertisement
[ǽdvərtáizmənt] ⓡⓛ

名 広告；宣伝

advertise/advertize 動 広告（宣伝）する

I put an <u>advertisement</u> in the paper.
新聞に広告を出した。

💡 広告のことを略して ad という
run [place] an ad(広告を出す)も重要表現！

306 afford
[əfɔ́rd] ⓥⓡⓛⓦⓢ

動 ～する余裕がある；～しても困らない

affordable 形 購入しやすい；手頃な（値段）

I can't <u>afford</u> to buy a house.
家を買う余裕がありません。

💡 I cannot afford it. は「金銭的」だけでなく「時間的」「心理的」に余裕がない場合も使う

307 aid
[éid] ® ⓛ

名 援助；救援
動 ～を助ける；援助する

The first <u>aid</u> saved his life.

応急処置のおかげで彼は一命を取り留めた。

💡 ばんそうこうの商品「バンドエイド
（BAND-AID）」のaidはここから

308 alarm
[əlάrm] ® ⓛ ⑤

名 警報；恐怖
動 ～に警報を伝える；危険を知らせる

I set the <u>alarm</u> clock for six o'clock.

私は目覚まし時計を6時にセットした。

💡 an alarm clock は「目覚まし時計」

309 ancient
[éinʃənt] ⓥ ® ⓛ

形 古代の；昔からの
反 modern 形 現代の

I am interested in <u>ancient</u> Greek art.

古代ギリシャ芸術に興味がある。

 「古代エジプト」はancient Egypt、
「古代ローマ」はancient Rome

310

appointment

[əpóintmənt] Ⓥ Ⓡ Ⓛ Ⓢ

名 予約；任命；設備

appoint 動 指名する

I have an <u>appointment</u> with the dentist for at ten o'clock.

10時に歯医者の予約を入れている。

Week 2 ②

👉 「アポ（予約）をとる」はappointmentから

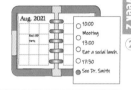

311

approach

[əpróutʃ] Ⓥ Ⓡ

動 接近する

名 接近；方法（≒ method）

The train is <u>approaching</u> the platform.

電車がホームに近づいている。

👉 The plane is approaching (×to) Osaka.（飛行機は大阪に接近中だ）
で、toをつけるミスが頻出！要注意！

312

attract

[ətrǽkt] Ⓥ Ⓛ Ⓦ

動 （注意；興味などを）引く；魅惑する

attraction 名 魅力

attractive 形 魅力的な（≒ appealing, tempting, charming）

I am <u>attracted</u> to the beautiful actor.

その美しい俳優にひかれている。

👉 テーマパークの「アトラクション」
（人を魅了する呼び物）でおなじみ

313
audience
[ɔ́:diəns] Ⓥ Ⓡ Ⓛ

名 観客；(テレビなどの)視聴者

The performance of the orchestra attracted a large <u>audience</u>.

そのオーケストラの演奏は大勢の観客を魅了した。

👆 audienceはラジオ・テレビの「視聴者」、本の
「読者」、文化的な催しの「観客」でもある
視聴率はaudience rating

314
available
[əvéiləbl] Ⓡ Ⓛ Ⓦ Ⓢ

形 利用できる；入手できる；都合がつく
availability **名** 利用(入手)できること
反 unavailable **形** 利用(入手)できない

The hotel had no rooms <u>available</u>.

ホテルには空き(利用できる)部屋がなかった。

👆 I'll be available tomorrow. は「明日は空いています」

315
avoid
[əvɔ́id] Ⓥ Ⓡ

動 避ける；差し控える

We should <u>avoid</u> making the same mistakes again.

同じミスを再び犯すのを避けるべきだ。

👆 avoid doing(〜するのを避ける)は最重要の表現！

Week 2 ②

316
aware
[əwéər]

形 ～に気がついている；～を意識した
awareness **名** 意識

I was <u>aware</u> of the danger.
危険には気づいていた。

💡 「人々の意識を高める」は raise people's awareness
内面ではなく外部の観察や情報により気づく時に使う

317
baggage
[bǽgidʒ]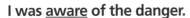

名 手荷物類；重荷
luggage **名** (旅行時の)手荷物；旅行かばん

Please pick up your <u>baggage</u> at counter No.2.
2番カウンターでお荷物をお受け取り下さい。

💡 「手荷物類」らしく、中にbag(カバン)の
スペルが入っている

318
breathe
[bríːð]

動 呼吸する；生きている
breath **名** 呼吸；息

<u>Breathe</u> in and <u>breathe</u> out!
息を吸って、吐いて！

💡 水泳や合唱で使われる「ブレス(＝息つぎ)」はこのbreathのこと

319

biology
[baiɑ́lədʒi] Ⓡ Ⓛ Ⓦ

🏷 生物学；生態

She wants to be a <u>biology</u> researcher.
彼女は生物学の研究者になりたがっている。

💡 bio（生命の）+logy（学問）=biology（生物学）

320

campaign
[kæmpéin] Ⓡ Ⓛ

🏷 （政治、社会的な）運動；キャンペーン

His election <u>campaign</u> was successful.
彼の選挙運動は成功した。

💡 発音に注意！「キャンペーン」は日本でもよく使われる言葉

321

charge
[tʃɑːrdʒ] Ⓥ Ⓡ Ⓛ Ⓢ

🎬 請求する；非難する
🏷 （サービスに対する）料金

How much do they <u>charge</u> for this service?
このサービスにいくら請求しているのですか。

💡 「サービス料」は a service charge、
「タクシー代」は a taxi fare、
「入場料」は an entrance fee

322 chase

[tʃéis] **V R**

動 追跡する；急ぐ（≒ follow, track）
名 追跡
chaser 名 追跡する人（物）

The patrol car <u>chased</u> the drunk driver.

パトカーは飲酒運転者を追いかけた。

💡 カーチェイスは「車と車の壮絶な追跡」
のこと

323 cheer

[tʃíər] **L S**

名 歓呼；喝采
動 元気づける；〜を応援する
cheerful 形 機嫌のいい；楽しい

The performance drew <u>cheers</u> from the audience.

観客から喝采が上がった。

💡 チアリーダーは「応援をリードする人」

324 communicate

[kəmjúːnikèit] **R W L**

動 知らせる；伝える
communication 名 伝達；通信

I don't know how I can <u>communicate</u> with him.

どうやって彼とコミュニケーションを取れば
いいのか分かりません。

💡 「通信衛星」は a communication satellite

325

compare

[kəmpéər] Ⓥ Ⓡ Ⓛ Ⓦ

動 比較する；匹敵する
comparison **名** 匹敵；比較
comparable **形** 匹敵に値する；匹敵する

<u>Compare</u> the new computer with an old one.

新しいPCを古いものと比べなさい。

💡 compare A with B(AをBと比べる)、
compare A to B(AをBにたとえる)
の使い分けが重要！

326

concentrate

[kánsəntrèit] Ⓡ Ⓢ Ⓦ

動 ～を集める；～に集中する
concentration **名** 集中；専念

She has been <u>concentrating</u> on studying for the examination.

彼女は試験勉強に集中している。

💡 center(中心)+-ate(…にさせる)=中心に集中させる

327

concern

[kənsə́:rn] Ⓥ Ⓡ

動 (受動態で)心配している；に関係する
名 関心事；不安；関連

I am <u>concerned</u> about how she will deal with the situation.

彼女がその状況にどう対処するのか心配です。

💡 the growing concern about the environment
は「環境への関心の高まり」

328

contrast

[@kəntrǽst @kántræst] Ⓡ

名 対照；差異
動 ～を対照させる

There is a beautiful <u>contrast</u> between blue and red.

青と赤には美しい対照がある。

Week2 ②

💡 by [in] contrast (その一方) は「逆接」を
導くフレーズで、読解問題の必須表現！

329

convenient

[kənví:niənt] ⓋⓁⓌⓈ

形 便利な；都合の良い

convenience 名 便利さ；好都合

What time would be <u>convenient</u> for you?

何時が都合が良いでしょうか？

💡 「コンビニ」は a convenience store という

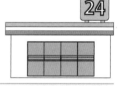

330

crime

[kráim] ⓇⓁⓌ

名 犯罪 (≒ offense)

criminal 形 有罪の 名 犯人

He was arrested for committing the <u>crime</u>.

彼は罪を犯したために逮捕された。

💡 criticize(非難する)と関係のある言葉で、非難される行為→「犯罪」

331 custom

[kʌ́stəm] Ⓥ Ⓡ Ⓛ

🔵 習慣；慣習
customer 🔵 顧客

Customs vary from country to country.
習慣は国によって異なる。

💡 customs には「税関」の意味もある

332 damage

[dǽmidʒ] Ⓥ Ⓡ Ⓛ

🔵 ～に損傷、損害を与える
🔵 損害

The storm seriously **damaged** the house.
嵐は家に深刻な損害を与えた。

💡「ダメージを与える」は、このdamageのこと

333 decrease

[🔵dikrí:s 🔵dí:kri:s] Ⓡ Ⓛ Ⓦ

🔵 減少する；減らす（≒reduce, decline）
🔵 減少；縮小
🔵 increase 🔵 増す；増やす 🔵 増加；増大

My weight **decreased** by 10 pounds.
体重が10ポンド減った。

💡 decrease の類語の reduce は「元に戻す」、
decline は「悪くなる」というイメージ

334 degree

[dígríː]

名 (温度、角度などの)度；程度；学位

The temperature is two <u>degrees</u> below zero.

気温は氷点下2度だ。

💡 「博士号」は a doctor's degree で、「生物学で学位を取っている」なら
I have a degree in biology. となる

Week 2
②

335 describe

[dìskráib]

動 描写する；説明する
description **名** 描写；記述

This novel vividly <u>describes</u> the culture at that time.

この小説は当時の文化を鮮やかに描いている。

💡 explainは「理由をわかりやすく述べる」ことで、
describeは「状況や見た目を述べる」こと

336 disappoint

[dìsəpɔ́int]

動 がっかりさせる；失望させる
disappointment **名** 失望

I was <u>disappointed</u> with his rude behavior.

私は彼の失礼な振る舞いに失望した。

💡 約束 (appoint) を否定 (dis) する
→「がっかりさせる」

337 discount
[dískaunt] **R** **L**

名 値引き
動 値引きする；軽視する
形 割引の

I bought the bag at a 20% <u>discount</u>.

鞄を20%割引きで買った。

 「ディスカウント」は日常生活の中で
よく聞く言葉

338 discuss
[diskʌ́s] **V** **L** **W**

動 議論する；〜について意見を出し合う
discussion 名 議論

We <u>discussed</u> the management policy throughout the night.

経営方針について夜通し話し合った。

 「その問題について話し合う」は
discuss（×about）the problem で、
about を入れないように注意！

339 earn
[ə́:rn] **V**

動 稼ぐ；(名声などを)得る
earnings 名 所得；給料

I <u>earn</u> my living by painting.

私は絵を描くことで生計を立てています。

 make one's living(生計を立てる)と違って、earn one's living は「苦労
して生計を立てる」時に使う

340
escape
[iskéip] **V R**

動 逃げる；免れる
名 逃亡；逃避

A mouse narrowly <u>escaped</u> from the cat.
ネズミはかろうじて猫から逃れることができた。

💡 不朽の名作映画『大脱走』の原題は
The Great Escape
コンピューターのESCキーはescapeから

341
exist
[igzíst] **V R**

動 存在する；生存する
existence 名 存在；生存(≒being)

Do you believe that ghosts <u>exist</u>?
幽霊の存在を信じますか？

💡 ex(外へ)+sist(立つ)→外に出て立つ→「存在する」

342
fee
[fí:] **V L**

名 (専門職に支払う)謝礼；会費

The admission <u>fee</u> for a student is 10 dollars.
学生の入場料は10ドルです。

💡 fee は「より専門的なサービスに対する値段、施設や団体に入るための料金」、charge は「サービスの値段」、cost は「かかった費用の総額」を指す

Week 2
(2)

135

343 forgive
[fərgív] ®

動 (罪などを)許す (≒ excuse, allow)

Please <u>forgive</u> me for being late.
遅刻をお許しください。

💡 forgiveは「すでにしてしまったことに対する許し」で、allowは「これからすることについての許可」

344 gain
[géin] Ⓥ Ⓡ Ⓦ

動 得る；増す
名 利益；増加

I have <u>gained</u> a lot of weight recently.
近頃、体重がすごく増えた。

💡 エナジードリンクの商品Regainは
「再び(re)得る(gain)」という意味

345 genius
[dʒíːniəs] Ⓡ Ⓛ

名 (生まれつきの創造的)才能；天才

He is a <u>genius</u> at mathematics.
彼には数学の才能がある。

💡 ラテン語で「守護神」を意味するゲニウス
(genius) が語源
「音楽の天才」は a music genius

346
government
[gʌ́və(rn)mənt] V R

名 政府；行政

The government is considering a tax cut.

政府は減税を検討している。

💡 cabinet（内閣）に各省庁などが加わって、governmentが構成される

Week 2

②

347
habit
[hǽbit] V R

名 癖；習慣；気質

Regular exercise is a good habit for kids to develop.

規則正しい運動は子どもたちがつけるべきよい習慣だ。

💡 have（持つ）と語源が同じで、個人が持つようになったもの→「癖、習慣」

348
huge
[hjúːdʒ] V L

形 莫大な；巨大な；たいした

He spent a huge amount of money on cars.

彼は車に莫大な金を費やした。

💡 「莫大な、巨大な」という意味だが、
big よりも数段大きいイメージ

137

349
ideal
[aidíəl] Ⓡ

形 理想的な；非現実的な
名 理想；典型
ideally 副 理想的な

This is an <u>ideal</u> environment for work.

これは仕事をするのに理想的な環境だ。

💡 名詞ideaに「理想の形」という意味があり、そこから「理想的な」という意味になった。

350
indeed
[indíːd] Ⓥ Ⓡ

副 実は；本当に；まったく

A friend in need is a friend <u>indeed</u>.

まさかの時の友こそ真の友。

💡 in-(…の上に)+deed(事実)=事実上、実際上→「現実に、確かに」

351
insist
[insíst] Ⓥ Ⓡ

動 要求する；主張する
insistence 名 主張

He <u>insists</u> that he is right.

彼は自分が正しいと言って聞かない。

💡 insistは「しつこく主張する」という意味合いが強い。「強く要求する」というニュアンスならdemand

352

instrument

[ínstrəmənt] **R** **L**

名 道具；楽器
instrumental 形 楽器の

Can you play a musical instrument?

楽器を演奏できますか？

💡 インストゥルメンタル音楽とは
楽器のみの音楽のこと

Week 2
②

353

largely

[lárdʒli] **R**

副 大いに；気前よく
large 形 大きい；多い

His success in the exam was largely due to his great efforts.

彼が試験に合格したのは主に彼が努力したためだった。

💡 mostlyやmainlyと言い換えられる！

354

mechanism

[mékəniz(ə)m] **R**

名 機械；仕組み
mechanic 名 機械工；修理工

He has been studying a genetic mechanism in the institute.

彼は研究所で遺伝のメカニズムを研究してきた。

💡 日本でも「仕組み」という意味で「メカニズム」
という言葉をよく使っている

355

mention

[ménʃən] ®

動 言及する；述べる
名 言及；陳述

As I <u>mentioned</u> before, we should promote recycling.

前にも述べたように、我々はリサイクルを
進めるべきだ。

👆 Thank you. への返事は Don't mention it. で
「どういたしまして」

356

mostly

[móustli] L W

副 たいてい；大部分は

most 形 大部分の

The leaves of the tree have <u>mostly</u> fallen.

木の葉はほとんど落ちました。

👆 「ほとんどくもり[晴れ]」は mostly cloudy[sunny]

357

nervous

[nə́:rvəs] V L

形 緊張している；神経質な

nerve 名 神経；筋

He got <u>nervous</u> about making a speech in front of an audience.

彼は聴衆の前での演説に緊張した。

👆 試験や試合の前に「ナーバスになっている」と言ったりする

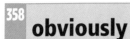
358

obviously

[ábviəsli] ℝ

副 明らかに；言うまでもなく
（≒ clearly, apparently）

obvious 形 明白な（≒ clear, apparemt）

He is <u>obviously</u> involved in the case.

彼は明らかに事件に関係している。

💡 apparentlyは「（実際はどうかにかかわらず）見たところ〜らしい」、
obviouslyは「見てすぐ分かる」

359

ordinary

[órdənèri] Ⓥℝℒ

形 普通の；ありふれた；平凡な

She is an <u>ordinary</u> college student.

彼女は普通の大学生だ。

💡 normalは「状態が異常でない」、ordinaryは「何の変哲もない」

360

passion

[pǽʃən] ℝℒ

名 情熱；熱中；激情

passionate 形 情熱的な；怒りっぽい

He is a person with a lot of <u>passion</u> and love.

彼は愛と情熱の人だ。

💡 「パッション」は日本語でもおなじみ

361
perform
[pərfɔ́rm] Ⓥ Ⓡ Ⓛ

動 実行する；演じる
performance 名 実行；業績；演技
performer 名 役者；演奏者

He <u>performed</u> a play at the school festival.

彼は学園祭で劇を演じた。

💡 名詞形のperformance(パフォーマンス)は日本語に取り入れられている

362
physical
[fízikəl] Ⓥ Ⓡ

形 身体の；物質的な
physically 副 身体的に
反 mental 形 心の

Yoga exercise is good for both <u>physical</u> and mental health.

ヨガのエクササイズは心身の健康に良い。

💡 「体育」はphysical education(PE)という

363
polite
[pəláit] Ⓥ Ⓛ

形 礼儀正しい；上品な
politely 副 丁寧に
反 rude 形 不作法な

She is always <u>polite</u> to everyone.

彼女は誰に対しても礼儀正しい。

💡 a polite answerは「丁寧な回答」、
polite speechは「上品な話し言葉」

Week 2 ②

364 positive
[pázətiv] V R L

形 楽観的な；肯定的な
positively 副 前向きに
反 negative 形 悲観的な

We are looking forward to a <u>positive</u> response from you.

良い返事をお待ちしております。

💡 ポジティブとは「前向き」なこと

365 properly
[prápərli] V

副 きちんと；正確に（≒ exactly）
proper 形 適切な；正確な（≒ appropriate, exact）

You are not a baby any more. Behave <u>properly</u>!

もう赤ん坊ではないのだから、きちんとふるまいなさい！

💡 お店で働く人は「（バーゲンでない）通常価格」のことを「プロパー」という

366 prove
[prú:v] V R

動 証明する；分析する；判明する
proof 名 証拠

I <u>proved</u> my identity with my driver's license.

運転免許証で身元を証明した。

💡 "I know you're lying."（君はうそをついているってわかる）
"Then, prove it!"（じゃあ、証明して！）のように、日常会話でもよく使われる

143

367 punish

[pʌ́niʃ] Ⓥ Ⓡ

動 罰する；痛めつける；手荒に扱う
punishment 名 罰

They <u>punished</u> him for being late.
彼らは遅刻をしたことで彼を責めた。

💡 「皆、等しく罪は罰せられるべきだ」は
All people should be equally punished for crimes. となる

368 public

[pʌ́blik] Ⓥ Ⓡ Ⓛ

形 公共の；国民に関する；国有の
名 (the~)国民；一般人

The government should listen to the <u>public</u>.
政府は国民の意見を聞くべきだ。

💡 イギリスのpub(パブ)はpublic houseを短縮した呼び名で、公共に開か
れ、ビール片手に人々が集う場所

369 quality

[kwɔ́ləti] Ⓥ Ⓡ

名 品質；良質；才能
qualify 動 資格を得る；適任とする(≒certify)

The high <u>quality</u> of this sweater is guaranteed.
このセーターの高品質は保証されている。

💡 「クオリティーが高い」「ハイクオリティー」など
のフレーズは日本語化している

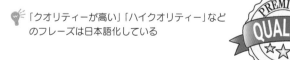

370 quarter

[kwɔ́:rtər] **V R**

名 4分の1；15分；四半期
動 4等分する

I cut a round cake into quarters.

ケーキを4等分に切り分ける。

Week 2
②

💡 「このケーキの4分の1を食べる」は
I'll have a quarter of this cake.

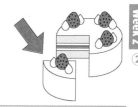

371 rarely

[réərli] **V W S**

副 まれに；めったに~ない(≒ seldom)
rare 形 まれな；生焼けの

I rarely drink coffee.

私はコーヒーをめったに飲まない。

💡 「レア(珍しい)」は「レアメタル」「レアもの」などの言い方でおなじみ

372 recognize

[rékəgnàiz] **V R**

動 認める(≒ accept, admit)；識別する
recognition 名 承認

She is recognized as the best singer in the chorus club.

その合唱部で彼女は一番歌がうまいと認められている。

💡 re(再び)+cognize(知る)→「認識する」
イギリス式スペルはrecognise

145

373 recover
[rikΛvər]

動 回復する；取り戻す
recovery **名**（権利；状態などの）回復；回収
（≒ revival, restoration）

The boy has fully <u>recovered</u> from the illness.
少年は病気からすっかり回復した。

💡「リカバリーディスク」(recovery disk)とは、パソコンを工場出荷時の状態に戻すためのディスク

374 remove
[rimúːv]

動 取り除く；移動する
removal **名** 除去；移動

<u>Remove</u> the damaged part of the meat before you eat it.
食べる前に肉の傷んだ部分を取り除きなさい。

💡 エナメルリムーバーは「除」光液のこと

375 reply
[riplái]

名 返事；答え
動 返事をする；答える（≒ answer）

Thank you for your prompt <u>reply</u>.
迅速なお返事ありがとうございます。

💡 answerより堅い表現
「しゃべりかけたが、彼は返事をしなかった」は
I spoke to him, but he didn't reply.

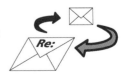

Week 2 ②

376
research
[名 rí:sərt∫ 動 risə́:rt∫] R

名 調査；研究
動 調査する；研究する

He conducted scientific <u>research</u> at university.
彼は大学で科学的研究を行った。

💡 search(さがす)のつづりが入っていて、そこに強調を示すreがつくことで「徹底的に調べる」「調査」という意味になる

377
respect
[rispékt] V W

動 敬う
名 尊敬；尊重
respectful 形 丁寧な

The pupils <u>respect</u> the principal.
生徒たちは校長先生を尊敬している。

💡 相手を「リスペクトする」は日本語化している
in this respect(この点において) のイディオムも重要！

378
review
[rivjú:] R

動 見直す；批評する(≒ think over)
名 復習；評価

We need to <u>review</u> the school rules.
校則を見直す必要がある。

💡 a review test(復習テスト)やa book review(書評)、a movie review(映画のレビュー)でおなじみ！

379 rude
[rúːd] Ⓥ Ⓛ

形 失礼な；無作法な
反 polite 形 丁寧な；礼儀正しい

Don't be so rude to me!
私にそんな失礼なことを言わないでください！

 raw(生の)と同じ語源で、(行為が) 生の→気遣いのないままの→「失礼な」となった

380 rumor 《英》rumour
[rúːmər / rúːmə] Ⓥ Ⓡ

名 うわさ；風評；評判

The rumor of his death has spread around the world.
世間では彼が死んだといううわさが広まっている。

 元々「やかましい人の声」を意味する単語で、「うわさ好きの人が騒ぐ様子」から、「うわさ」の意味になった

381 security
[səkjúrəti] Ⓥ Ⓡ

名 警備；安全；安心；有価証券

Wearing helmets gives cyclists a sense of security.
ヘルメットをかぶるとサイクリストに安心感を与える。

 防犯の話題で「セキュリティーが甘い」のように使う「警備員」は a security guard

382

separate

[動 séparèit 形 sép(ə)rət] V R

動 分ける；引き離す
形 分離した；個々の
separation 名 分離
separately 副 離れて；別々に

Church and state are <u>separated</u> in this country.

この国では宗教と政治が分離されている。

💡 陸上競技で走路が分けられているコースを「セパレートコース」という。

Week 2
②

383

shortage

[ʃɔ́rtidʒ] R

名 不足；欠乏；欠点

A declining birthrate and aging society will cause a labor <u>shortage</u>.

少子高齢化社会は労働力不足の原因となります。

💡 形容詞のshortは「短い」で、その名詞形のshortageは「足りない」の意味になる

384

stare

[stéər] V R L

動 じっと見つめる；じろじろ見る
名 凝視

She was <u>staring</u> at the beautiful ocean for a long time.

彼女は美しい海を長い間ずっと見つめていた。

💡 look at ~に「じろじろ」「じっと」というニュアンスが加わるとstare at ~になる。

385 statement

[stéitmənt] Ⓡ

名 声明；陳述；意見

state **動** 述べる；提示する **名** 状態；地位
形 州の

He made a public <u>statement</u> at the press conference.

彼は記者会見で公式声明を出した。

 state(述べる)+-ment(こと)→述べること→「声明」

386 strict

[strikt] ⓋⓇⓁ

形 (規律などに)厳格な(≒ exact)；厳しい

strictly **副** 厳格に

The teacher is <u>strict</u> with her students.

その先生は生徒に厳しい。

 severeは「ケガ病気など状況が厳しい(=深刻)」、strictは「ルールや規律などに厳しい(=厳格)」

387 suffer

[sʌ́fər] ⓇⓁⓌⓈ

動 苦しむ；病気にかかる；耐え忍ぶ

Many children in the world are <u>suffering</u> from poverty.

世界中のたくさんの子どもたちが貧困で苦しんでいる。

 「ひどい痛みに苦しむ」はsuffer a terrible pain

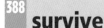

388
survive
[sərváiv] ⓋⓇⓁⓈ

動 生き残る；切り抜ける
survival **名** 生き残ること
survivor **名** 生存者

She survived the entrance examination for the university.
彼女は大学受験を乗り切った。

💡 「サバイバル（＝生き残ること）」は日本語化している

Week 2
②

389
technique
[tekníːk] Ⓡ

名 技術；テクニック（≒ skill, method）

We were surprised at his technique at the piano concert.
私たちはピアノの演奏会で彼の技術に驚いた。

💡 「テクニック」は日本でも様々な場面で
使われる言葉
アクセントの位置に注意！

390
tend
[ténd] ⓇⓌ

動 〜する傾向がある（≒ be likely to）
；〜したい気がする
tendency **名** 傾向；風潮

A younger sister tends to imitate what her older sister does.
妹は姉のすることをまねしがちだ。

💡 似た言葉にtrendがあるが、tendはより個人的な傾向を表す場合に用いる
tend to do（〜する傾向がある）はbe likely to doで言い換えてもよい！

391 tiny

[táini] R L

形 ちっぽけな；とても小さな
反 huge 形 巨大な

She is holding a <u>tiny</u> little baby.

彼女は小さな赤ちゃんを抱いている。

💡 huge「巨大な」の反対で「とても小さな」
という意味

392 unfortunately

[ʌnfɔ́rtʃənətli] V R

副 残念ながら；不幸にも
unfortunate 形 不幸な；残念な

<u>Unfortunately</u>, he failed the exam.

残念ながら、彼は試験に落ちた。

💡 fortune（幸運）ではun（ない）からunfortune

393 union

[júːnjən] R

名 結合；一致；同盟
unite 動 一体化する；団結する（させる）

The European <u>Union</u> was founded in 1993.

欧州連合は1993年に設立された。

💡 日本語でユニオンといえば労働組合（=labor union）のこと

394

volume

[váljəm] **V L**

名 (特に大きな)本(≒book);1冊;巻

The book comes in three <u>volumes</u>.

その本は3巻ものです。

 volume 1, 2, 3は1巻、2巻、3巻
bookと同義で用いられることもある

395

vote

[vóut] **V**

名 投票;採決
動 投票する;可決する

He won the election by 10,000 <u>votes</u>.

彼は1万票で選挙に勝った。

 vow(誓う)と関連のある語で「投票することを
誓う」ということ
「投票権がある」はI have the right to vote.

396

warn

[wɔ́ːrn] **V R**

動 警告する;通知する
warning 名 警告;前兆

I <u>warned</u> you not to do that!

そうしないように君に注意したぞ!

 I warn you!は「用心しろよ!」

397 waste

[wéist] Ⓥ Ⓡ Ⓛ Ⓦ Ⓢ

動 浪費する；無駄である
名 無駄；荒野

She <u>wastes</u> a lot of money on gambling.

彼女はギャンブルにたくさんのお金を浪費する。

💡 元々「荒廃させる；消耗させる」の意味で；
後ろにはtimeやmoneyがくることが多い。

398 weigh

[wéi] Ⓥ Ⓛ

動 重さがある；重さを量る
weight **名** 重さ；体重

How much does the package <u>weigh</u>?

その小包の重さはどれくらいですか？

💡 「ウエイトトレーニング」のweight(重さ)の
動詞形がweigh

399 width

[wídθ] Ⓥ

名 幅；(幅の)広さ
wide **形** 広い

This shelf is two feet in <u>width</u>.

この棚の幅は2フィートだ。

💡 「長さ」は length、「深さ」は depth という

400

worth

[wə́ːrθ]

形 価値がある
前 〜に値する
名 価値

Ⓥ Ⓡ Ⓛ Ⓦ Ⓢ

The museum is <u>worth</u> visiting.

その博物館は訪れる価値がある。

💡 worth は前置詞と考えた方が楽で、後ろには名詞や動名詞 (+ing) が来る

Week 2

②

Review Quiz 4

日本語に合うように、空所に英単語を入れましょう。

1. 習慣は国によって異なる。

_____ vary from country to country.

2. 私は彼の失礼な振る舞いに失望した。

I was _____ with his rude behavior.

3. 同じミスを再び犯すのを避けるべきだ。

We should _____ making the same mistakes again.

4. 前にも述べたように、我々はリサイクルを進めるべきだ。

As I _____ before, we should promote recycling.

5. 少年は病気からすっかり回復した。

The boy has fully _____ from the illness.

6. その美しい俳優にひかれている。

I am _____ to the beautiful actor.

7. 政府は減税を検討している。

The _____ is considering a tax cut.

8. 彼女がその状況にどう対処するのか心配です。

I am _____ about how she will deal with the situation.

9. キャンセル料はいただきません。

We will not require any cancel _____ from you.

10. 経営方針について夜通し話し合った。

We _____ the management policy throughout the night.

11. ホテルには空き部屋がなかった。

The hotel had no rooms _____ _____.

12. この小説は当時の文化を鮮やかに描いている。

This novel vividly _____ the culture at that time.

正解　1. Customs　　　4. mentioned　　　7. government　　　10. discussed
　　　2. disappointed　5. recovered　　　8. concerned　　　11. available
　　　3. avoid　　　　6. attracted　　　9. charge　　　　12. describes

156

英検準２級合格を確実にする
重要単語200をマスター！

401 accompany

[əkʌ́mpəni] Ⓥ Ⓡ

動 (人)と一緒に行く；添付する；伴奏する

Children under the age of 12 must be <u>accompanied</u> by an adult.

12歳未満の子どもには大人の付き添いが必要です。

💡 ac-(…と一緒)+company(仲間)→「一緒に行く」
accompany me to ~ は、go to ~ with meの堅い言い方

402 adapt

[ədǽpt] Ⓡ

動 適合させる；改装する；順応する

Lifestyles have to be <u>adapted</u> to the new normal.

生活様式を新しい常識に適応させなければならない。

💡 adjustは「新しい状況や望ましい結果になる
ように少し変える」、adaptは「新しい状況や
目的に合うように順応する」というニュアンス

403 allergic

[ələ́ːrdʒik] Ⓥ Ⓡ

形 アレルギー性の
allergy 名 アレルギー

I am <u>allergic</u> to milk so I can't drink it.

私は牛乳アレルギーなので、それを飲むことはできません。

💡 「~にアレルギーがある」という表現はbe allergic to~やhave an allergy
to ~など

404
altogether
[ɔ́:ltəgéðər] **V R**

副 全く；全部で；全体的に見て

That will be $8 <u>altogether</u>, please.
全部で8ドルになります。

💡 completelyよりも強意的
all+together→「全部で」となる

405
amusement
[əmjú:zmənt] **V L S**

名 楽しみ；娯楽；遊び道具
amusing **形** (人を)楽しくさせる

Week 3
①

We really enjoyed the <u>amusement</u> park.
遊園地は本当に楽しかった。

💡 「アミューズメントパーク」として
日本語にもなっている。

406
argue
[ɑ́rgju:] **V R**

動 論争をする
argument **名** 議論；口論

Most children worry when their parents <u>argue</u>.
たいていの子どもは両親が口論していると心配になる。

💡 「アーギューギューと議論する」と覚えよう！
Don't argue with me! は「口答えせずに
言うとおりにしろ！」という強い表現

407 assure
[əʃúər] Ⓥ Ⓡ

動 (人に)保証する；〜だと確信する

I <u>assure</u> you that he will surely meet your expectations.

彼はきっとあなたの期待に応えてくれる
でしょう。

I assure you (that)~(きっと〜でしょう)は
必須表現！

408 athlete
[ǽθliːt] Ⓡ Ⓛ Ⓢ

名 スポーツ選手；筋骨たくましい人
athletic **形** 運動競技の；筋骨たくましい

He is one of the world's top <u>athletes</u>.

彼は世界トップクラスのアスリートの1人です。

日本でも「一流スポーツ選手」のことを
「トップアスリート」という

409 bay
[béi] Ⓡ Ⓛ

名 (海・湖の)湾；入り江；山間の平地

The <u>bay</u> area of this city is under development.

この都市の湾岸地区は開発中だ。

「ベイエリア」は日本語にもなっている

410 bloom
[blú:m] **V**

名 花；開花(期)；輝き

The cherry blossoms are in full <u>bloom</u>.
桜が満開だ。

💡 in full bloom(満開)は必須表現！
bloomは「観賞用に適した花」で、
flowerは「草木に咲く花」

411 bond
[band] **R**

名 きずな；接着；契約

We are united by a <u>bond</u> of friendship.
私たちは友情のきずなで結ばれています。

💡 接着剤の商品名「ボンド」はこれに由来する

Week 3
①

412 boring
[bɔ́:riŋ] **VLS**

形 うんざりさせる
bored **形** 退屈した

The movie was so <u>boring</u> that I almost fell asleep.
映画がとても退屈だったので、寝てしまいそうだった。

💡 自分が退屈している時はI am bored.と表現しよう！
He is boring.は「彼はつまらない人間だ」という意味になる

413 bother

[báðər] V R

動 悩ます；迷惑をかける
名 面倒；悩みの種

This noise is <u>bothering</u> me.

騒音に悩まされています。

💡 Don't bother.(どうぞお構いなく)は重要表現！
本来は「邪魔をする」という意味で、
「迷惑をかける」と覚えておくと便利

414 bullet

[búlit] R L

名 弾丸；弾丸状のもの

The boy ran as fast as a speeding <u>bullet</u>.

その男の子は弾丸のように速く走った。

💡 「ブリップリッ！ とおならの弾丸」と覚えよう！
the Bullet Train は日本の新幹線のこと

415 charity

[tʃǽrəti] R S

名 慈善行為［団体］；チャリティー

The Red Cross is a <u>charity</u>, not a government agency.

赤十字社は慈善団体だ。政府機関ではない。

💡 「チャリティーマラソン」はランナーやサポーターからの寄付を募るイベント

416
column
[kάləm] Ⓥ Ⓡ
名 円柱；縦の列

The graceful Ionic <u>column</u> is exhibited in the museum.

博物館に優雅なイオニア式の柱が展示されてある。

💡 エクセルで横の行は row、縦の列は column という
新聞の囲み記事のこともコラムという

417
commerce
[kάmərs] Ⓡ
名 商業；貿易；交際
commercial 名 広告放送 形 商業の

This district has been the center of <u>commerce</u> for decades.

この地域は何十年もの間、商業の中心地となってきた。

💡 commercial（コマーシャル）は日本語でもおなじみ

Week 3 ①

418
community
[kəmjúːnəti] ⓇⒺⓌⓈ
名 共同体；コミュニティー

I enjoy working with people in the local <u>community</u>.

私は地元のコミュニティーの人々と働くことが楽しい。

💡 公民館のような施設を日本でも「コミュニティーセンター」と呼ぶことがある

419

conference
[kánfərəns] ®

名 会議；相談

I attended the <u>conference</u> on global warming.
地球温暖化に関する会議に出席した。

💡 con には「一緒に」という意味があるので、集まって共に議題を進める
イメージ
日本でも会議のことを「カンファレンス」と呼ぶことがある

420

cough
[kɔf] ♥®L

動 せきをする；打ち明ける
名 せき

I can't stop <u>coughing</u> due to a cold.
風邪でせきが止まらない。

💡 せきをする音を表す擬音が語源になった言葉

421

crawl
[krɔ:l] ♥®

動 (ヘビ、虫、人が)はう；のろのろ進む

Ants are <u>crawling</u> in a line.
アリが一列に並んではっている。

💡 水泳の「クロール」は泳いでいる姿が
はうように見えるため名付けられた

「必ず☆でる単」シリーズで単語力を鍛えよう！ 「面接大特訓」シリーズで二次試験もバッチリ攻略！

英検2級

英検®2級
必ず☆でる単 スピードマスター
合格英単語 1200＋派生語・反意語

植田一三 藤井めぐみ 川本美和 上田敏子 著
2020/12/10｜B6変｜本体 1,200 円 (税込 1,320 円)

★似た意味の単語をまとめて覚える「類語アプローチ方式」で効率よく合格に必須の単語力がつくだけでなく、アウトプット力も爆上がり！

英検®2級 面接大特訓

植田一三 上田敏子 Michy 里中 著
四六判｜本体 1,400 円 (税込 1,540 円)

★試験の最初に取り組まなくてはならないパッセージ音読問題の練習から、テーマごとに短文を言ってみる練習を経て、本番さながらの模擬テストへと段階的にトレーニングできるから、英語で話すことが苦手な人でも安心。模擬テストは 12 回分。

英検準2級

英検®準2級
必ず☆でる単 スピードマスター
合格英単語 1200＋派生語・反意語

植田一三 監　上田敏子 藤井めぐみ 川本美和 著
B6変｜本体 1,000 円 (税込 1,100 円)

★イラストで覚えるからイメージがつかめる！記憶できる！合格にゼッタイ必要な 600 単語＋ イディオム 200

英検®準2級 面接大特訓

植田一三 菊池葉子 上田敏子 著
四六判｜本体 1,200 円 (税込 1,320 円)

★『英検®2級 面接大特訓』と同じスタイルの段階的トレーニング。第1章は面接の準備、第2章は音読練習、第3〜6章は短文練習、第7章は模擬テストとQ&A トレーニング。模擬テストは 11 回分。

428
era
[íːrə] Ⓡ

名 (歴史的重要な)時代；紀元

Shakespeare is a playwright in the Elizabethan <u>era</u>.
シェークスピアはエリザベス朝時代の劇作家です。

💡 periodは「ある特定の期間」を、eraは「ある歴史的なことに特徴づけられる時代」を指す。ageはそれらよりスパンが長い

429
estate
[istéit] Ⓡ

名 地所；屋敷；財産

Week 3
①

She lives in her country <u>estate</u>.
彼女は田舎の屋敷に住んでいる。

💡 a real estateは「不動産」の意味で、日本でも社名に「エステート」とつく不動産会社は多い

430
fate
[féit] Ⓡ

名 運命の力；運；最終結果
fatal 形 致死的な；決定的な

Nobody knows the <u>fate</u> of the missing persons.
行方不明者の運命は誰にも分からない。

💡 fateは悪い運命について使うことが多く、destinyは良い運命に対して使うことが多い

431 fierce

[fíərs] ®

形 (人、動物、気性などが)どう猛な；
(風雨などが)激しい

There is a <u>fierce</u> competition between companies.

企業間で激しい競争が繰り広げられている。

💡 「フィア、激しい！」と覚えよう！
fierceは「過酷な競争などを伴う激しさ」、
severeは「負傷や病気などの深刻さ」に関連する

432 fog

[fɔ́:g] ®

名 霧(mistより濃い霧)；煙；混迷
動 霧で覆う；霧が立ち込める

The forest is veiled in a dense <u>fog</u>.

森は深い霧に包まれている。

💡 車のフォグ(fog)ランプは霧の時に使用する
窓ガラスが曇る時などの「曇る」はfog up

433 fundamental

[fʌ̀ndəméntəl] ®

形 基本的な；重要な
名 基本；原則

I don't understand the <u>fundamental</u> principles of physics.

物理学の基本原理が分からない。

💡 fundamentalには「根本的な」、basicには
「基本的で重要な」というニュアンスが含まれる

FUNDAMENTAL

434

grace
[gréis] **V** **R**

名 優美；美しさ；好意
動 優雅にする；飾る
graceful 形 優美な

She is dancing with grace.
彼女は優雅に踊っている。

💡 元ハリウッド女優で、後にモナコ王妃となった
グレース・ケリー（Grace Kelly）と同じスペル

435

grief
[grí:f] **R**

名 深い悲しみ；嘆きの種；心配
grieve 動 深く悲しむ

I suffered grief at the sad news.
その悲報に接して悲嘆に暮れた。

💡 愛する人が死んだ時のような深い悲しみを
意味する
語呂合わせで、「心をえぐる（gr）悲しみ」と
イメージしよう

Week 3

①

436

guilty
[gílti] **V** **R**

形 有罪の；罪の意識がある
guilt 名 罪；罪悪感

He is guilty of stealing.
彼は窃盗の罪を犯している。

💡 guillotine（ギロチン）にかけられるguiltyという連想で覚えよう
feel guiltyで「後ろめたい」

437 harvest

[hárvəst]

名 収穫；収穫期；結果
動 収穫する

We had a large <u>harvest</u> this year.
今年は大収穫だった。

💡 本来は「(収穫物などを)刈り取る」という意味で、
そこから「収穫」の意味になった
「中秋の名月(満月)」は the harvest moon
という

438 hire

[háir]

動 (賃金を支払って)雇う；賃借りする
名 賃料

Let's <u>hire</u> a taxi and go home.
タクシーを雇って、家に帰ろう。

💡 日本では特に高級タクシーのことを「ハイヤー」と呼ぶ
hire a room[dress](部屋[ドレス]をレンタルする)も重要表現！

439 income

[ínkʌm]

名 (定期的な)収入；所得(≒ earning)
反 expenditure 名 支出

She has a high <u>income</u>.
彼女高収入だ。

💡 「月収」は monthly income、
「高所得者」は a high-income earner という

440
inner
[ínər] ℝ

- 形 内側の；深遠な
- 名 内側にあるもの
- 反 outer 形 外側の

He put the key into the <u>inner</u> pocket of his jacket.

彼は鍵をジャケットの内ポケットに入れた。

💡 日本語でも下着を「インナー」、上着を「アウター」という

441
institution
[ìnstətúːʃən] ℝ

- 名 組織；制度

It is a leading financial <u>institution</u>.

それは大手の金融機関だ。

💡 institutionは「規模の大きな組織」で、
instituteは「規模の小さな組織」

442
intend
[inténd] Ⓥ

- 動 意図する；つもりである

I <u>intend</u> to leave tomorrow.

明日、出発するつもりです。

💡 intend to~(～するつもりである)の形で覚えよう！

443 interior

[intíəriər] **L** **W**

形 内部の；室内の
名 内部；室内装飾

反 exterior **形** 外側の；外観上の **名** 外観

The <u>interior</u> walls are all painted yellow.

室内の壁は全て黄色に塗られている。

💡 「インテリア」は「室内調度品」の意味で
日本語となっている

444 kingdom

[kíŋdəm] **R**

名 王国；分野；界

Might makes right in the animal <u>kingdom</u>.

動物界は弱肉強食だ（動物界では力は正義だ）。

💡 英国(the UK)の公式名はthe United Kingdom of
Great Britain and Northern Ireland(グレートブ
リテンおよびアイルランド連合王国)

445 lack

[lǽk] **V** **R**

名 不足していること；欠乏
動 ～が足りない

A <u>lack</u> of sleep can make you angry.

睡眠不足はあなたを怒りっぽくさせます。

💡 「全くない」と「不足」の二つの意味がある
luck(運)との混同に注意！「グッドラック」は
欠乏(lack)ではなく幸運(luck)

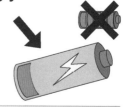

446 lap
[lǽp]

名 ひざ；(衣服の)たれ
動 重ねる；巻く

The cat sits on her lap.
猫が彼女のひざの上に座る。

💡 ご存じ「ラップトップコンピューター」のlap

447 lazy
[léizi]

形 怠惰な；けだるい

I feel lazy today. I don't want to do anything at all.
今日はだるいので何もする気がしない。

💡 のんびりと過ごす午後のことをa lazy afternoonという

448 leather
[léðər]

名 (動物の)なめし革；革製品
形 革(製)の

Her jacket is made of leather.
彼女のジャケットは革製だ。

💡 日本語でも「レザージャケット」「レザーコート」などという

Week 3
①

173

449 literature

[líterətʃər]　Ⓡ Ⓦ

名 文学；文献

I like reading children's <u>literature</u>.
私は児童文学を読むのが好きだ。

💭 "liter" は letter（文字）のこと
「英文学」は English literature

450 locate

[lóukeit]　Ⓥ Ⓡ Ⓦ

動 位置付ける；定住する；(be located in~)〜に位置する
location 名 位置

The house is <u>located</u> in the suburbs.
その家は郊外にある。

💭 「ロケーション」とは「位置、活動場所」のこと
「(映画やドラマの)ロケ地」という言い方をよく
耳にする

451 mad

[mæd]　Ⓥ Ⓛ

形 頭にきて；怒って；発狂して

I don't know why she is <u>mad</u> at me.
なぜ彼女が僕に腹を立てているのか分からない。

💭 狂おしいほど夢中になっている状態も表す
映画「マッドマックス」の「マッド」はこの単語

452
maximum
[mǽksəməm] R

名 最大限；極大　形 最大限の
副 最大限に
反 minimum 名 最小限；最小　形 最小限の
副 最小限に

Temperatures will reach a <u>maximum</u> of 40℃ today.

今日の気温は最高で40度にまで達するだろう。

💡 日本でもよく使う「マックス(MAX)」はmaximumの略

453
mend
[mend] V R

動 直す；修理する；回復する

We have to <u>mend</u> the relationship.

私たちは関係を修復しなければならない。

💡 fixは「軽く修理する」の意味で最も一般的な語、repairは損傷を「本格的に修復する」、mendは「縫う、改める」

454
mist
[míst] R

名 かすみ；もや
動 かすみで覆う；かすみがかかる
misty 形 霧の深い；霧のような

The mountain was covered with <u>mist</u>.

山は霧で覆われた。

💡 霧が吹いている「ミストサウナ」のmist
濃い順に並べるとfog(霧) > mist(靄) > haze(霞)

455 moral

[mɔ́ːrəl] **V R**

形 道徳(上)の；道徳的な
名 教訓；倫理
morality 名 道徳；教訓

The children argued with their parents about a <u>moral</u> issue.

子どもたちは両親と道徳的な問題について議論した。

 日本語で「道徳」を意味する「モラル」は英語ではmorality
「道徳的基準」はmoral standards

456 muscle

[mʌ́sl] **R**

名 筋肉；体力
動 強引に進む；筋肉をつける

His arm <u>muscles</u> are well developed.

彼の腕の筋肉はよく発達している。

 日本では筋肉粒々な姿を「マッチョ(macho)」と呼ぶことがあるが、これは
スペイン語源で、英語ではmuscle(マッスル)と言うので注意！

457 naked

[néikid] **R L**

形 裸の；むきだしの；ありのままの

The virus can't be seen with the <u>naked</u> eye.

ウイルスは肉眼（何もつけないそのままの
状態の目）では見えない。

 nudeも同じく裸を指すが、nakedは
「むき出しの状態」のことで人間以外
に使われることも多い

458
nasty
[nǽsti] ℝ

形 不快な；みだらな；険悪な
名 厄介なもの

This soup has a <u>nasty</u> taste.
このスープは嫌な味がする。

💡 「乱暴な」という本来の意味から転じて、
日本語で言うところの「エグい」という
ニュアンスを持つ
「嫌な臭い」はa nasty smell

459
necessity
[nəsésəti] Ⓥℝ

名 必需品；必要
necessary 形 必要な

Food is a <u>necessity</u> for everyone.
食料は全ての人に必要なものだ。

💡 Necessity is the mother of invention.(必要は発明の母)は「必要に迫ら
れて発明が生まれる」という意味のことわざ
「日用必需品」はdaily necessities

460
organ
[órgən] ℝ

名 (パイプ)オルガン；(動植物の)器
官；機関
organize 動 組織する

He had an <u>organ</u> transplant.
彼は臓器移植を受けた。

💡 もともと「道具」という意味の語で、
オルガンも臓器も組織的な機能を
持つ道具(=楽器・器官)

461

output
[áutpùt] **V R**

名 生産高；生産活動；出力
反 input **名** 入力；投入資本

The industrial <u>output</u> increased by 10 %.

工業生産高は10%アップした。

💡 「アウトプット」「インプット」は日本語でもおなじみのフレーズ

462

overnight
[**副** òuvərnáit **名形** óuvərnàit] **L**

副 一晩中；前の晩の
形 夜通しの；前夜
動 一泊する　**名** 一夜どまり

We will stay at the hotel <u>overnight</u>.

私たちはホテルに一泊する。

💡 over(超えて)+night(夜)→夜を超えて→「一晩中」
overnight delivery は「翌日便」

463

palm
[pɑːm] **L**

名 手のひら；手のひら状のもの
動 掌中に隠す；こっそり拾う
反 the back of the hand 手の甲

I held a stone in the <u>palm</u> of my hand.

手のひらで石を握った。

💡 葉が手のひら状の a palm tree は「ヤシの木」

464

permanent
[pə́ːrmənənt] Ⓥ Ⓡ

形 (半)永久的な；常置の(≒ eternal, constant)

The museum's new permanent exhibition will open next Friday.

その博物館による新たな常設展は来週金曜日に公開される。

💡 パーマをかけると「永続する」ウェーブ(permanent wave)が髪につく

465

plot
[plɑt] Ⓡ

名 (裏切りの)陰謀；(小説などの)筋；小区画地
動 陰謀を企てる；位置を示す

Week 3 ①

The movie plot was so complicated that I couldn't follow it.

あの映画の話の筋は複雑すぎて私にはついて行けなかった。

💡 カタカナで「プロット」といえば小説や映画の筋を指す

466

precise
[prisáis] Ⓥ Ⓡ

形 正確な(≒ accurate)；精密な
precisely 副 正確に

The chef added a precise amount of salt to the pot.

シェフはぴったりの量の塩を鍋に加えた。

💡 Precisely! と言えば「全くそのとおり！」という意味

467 procedure

[prəsíːdʒər] **V R**

名 手順；処分；正式な手続き

You should apply for the visa with the proper <u>procedure</u>.

正しい手順でビザの申請をするべきだ。

💡 processは「何をするのか」、procedureは「どのように行うか（方法）」を表す

468 professional

[prəféʃənəl] **V R L W S**

形 専門職の；プロの
profession 名 職業；専門職

He wanted to be a <u>professional</u> musician.

彼はプロの音楽家になりたかった。

💡 プロ野球選手やプロ棋士など、日本語の中にも定着している
「プロフェッショナル」には「仕事のためにする」や「熟練の」という意味がある

469 pursue

[pərsúː] **R**

動 （人が人・動物を）追う；（目的、快楽
などを）追い求める
pursuit 名 追求；趣味

Students should <u>pursue</u> their goals.

学生は目標を追求しなければならない。

💡 名詞pursuitは「すごく時間をかけて、
いつもやる趣味」のこと

470

quit
[kwít] **V L S**

動 やめる；去る；断念する

Her job was so stressful that she decided to quit it.

彼女の仕事はとてもストレスが多かったので辞めることにした。

💡 quit ~ingの形で用いる
quiet(静かな)と語源が同じで、静かな状態にする→「辞める(仕事などを辞めて静かな状態にする)」と覚える

471

ray
[réi] **R**

名 光線；光
動 放射状に伸びる；輝かす

Week 3
①

CFC gas destroys the ozone layer that protects the earth from the sun's harmful rays.

フロンガスは地球を太陽の有害な光線から守ってくれるオゾン層を破壊する。

💡 レントゲンの「エックス線」は英語だとX-rayという

472

rear
[ríər] **R**

名 後部；後方　形 後方の
動 育てる；立てる
反 front 名 前部；正面　形 前面の；正面の

I sat in the rear of the car.

私は車の後部座席に座った。

💡 車の後部座席を「リアシート(rear seats)」と言う
「バックミラー」は a rear-view mirror

473 refrigerator

[rifrídʒərèitər] **R** **L**

名 冷蔵庫；冷却室

Keep it in the refrigerator and use it within 10 days.

冷蔵庫に保存して10日以内に使ってください。

💡 refrigeratorだと長いので、会話では略してfridgeと言う

474 satisfy

[sǽtisfài] **R**

動 満たす；満足させる；納得させる
satisfaction **名** 満足；実現（≒content）

We should make an effort to satisfy the needs of our clients.

私たちは顧客のニーズを満たすための努力をしなければならない。

💡 顧客満足＝CS(customer satisfaction)の、satisfactionの動詞形が satisfy

475 search

[sə:rtʃ] **V** **R** **L**

動 さがす；発見する
名 捜索

I searched my pockets for the key.

あちこちポケットを探って鍵を探した。

💡 searchは「注意深く探す」、seek「形のないもの・目には見えないものを探す」、look forは「失くしたもの・必要なものを探す」（これがもっとも一般的な語）

476
severe
[sivíər] **V R L**

形 (人や状況が) 厳しい (≒ hard); 深刻な (≒ serious)

severely 副 厳しく

His parents gave him a <u>severe</u> punishment.
彼の両親は彼に厳しい罰を与えた。

💡 日本語でも「シビア」という発音で
よく使われる

477
shelf
[ʃélf] **V R S**

名 棚; 棚状のもの

Week 3

①

The dictionary is kept on the bottom <u>shelf</u>.
辞書は一番下の棚に置いてある。

💡 「ブックシェルフ」などの言葉で
日本語に取り入れられている

478
sincerely
[sinsíərli] **R W**

副 誠実に; 心から (≒ truly)

sincere 形 心からの

I <u>sincerely</u> hope to see him again.
私は再び彼に会うことを心から望んでいる。

💡 手紙などの「敬具」を英語では sincerely yours と書く

479
somewhat
[sʌ́mhwʌ̀t] Ⓡ

副 いくぶん；多少
代 何かあるもの (something)

The price is <u>somewhat</u> lower than I expected.
値段は予想したよりいくぶん安い。

💡 ratherが主観的な語であるのに対し、somewhatは客観的な語

480
spill
[spíl] ⓋⓇ

動 こぼす；こぼれる
活用：spill-spilled / spilt-spilled / spilt

Be careful not to <u>spill</u> your coffee.
コーヒーをこぼさないように気を付けてね。

💡 It is no use crying over spilt milk.（覆水盆に返らず）は「起きたことは元に戻らないので仕方がない」という意味のことわざ

481
spin
[spín] Ⓡ

動 紡ぐ；回る；くるりと向きを変える
活用：spin-spun [spinned] -spun
名 回転すること；ひねり；下落

He <u>spinned</u> the ball on his finger.
彼は指の先でボールを回した。

💡 「スピン」といえば日本でも「回転すること」で通じるフィギュアスケートでも「スピン」と言う

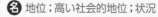

482
status
[stéitəs] **V R L**

名 地位；高い社会的地位；状況

She has a high social status.
彼女は社会的地位が高い。

💡 地位や身分が高いことを、日本でも「ステータスが高い」という

483
strain
[stréin] **R**

動 引っ張る；最大限に使う；曲げる
名 緊張；過労；負担

Week 3 ①

She broke down under the strain.
彼女は過労のために倒れた。

💡 「まっすぐ(straight)糸(string)を引っ張る(strain)」というイメージで覚えよう

484
stroke
[stróuk] **R**

名 一撃；(水泳などの)ひとかき；発作
動 線を引く；打つ

He cut down the tree with one stroke.
彼はその木を一撃で切り倒した。

💡 a heart strokeは「心臓発作」、a heat strokeは「熱射病・熱中症」

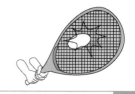

185

485 supply

[səplái] Ⓥ Ⓡ Ⓦ

動 供給する
反 demand 動 要求する

The lake <u>supplies</u> water to the town.
その湖は町に水を供給している。

💡 電気や水などを定期的に供給することを指す
ビジネスには「サプライ・アンド・デマンド（供給と需要）」という考え方がある

486 suppose

[səpóuz] Ⓥ Ⓡ Ⓦ

動 想定する；仮定する

I <u>suppose</u> he won't come.
彼は来ないだろうと思う。

💡 はっきりとした根拠がない仮定によく用いられる
I suppose so（たぶんそうでしょう）は重要な会話表現！

487 surface

[sə́:rfis] Ⓥ Ⓡ

名 表面；うわべ

A boat is floating on the <u>surface</u> of the water.
ボートが水面に浮かんでいます。

💡 上に（sur-）面（face）しているところ→surface
と覚えよう
on the surfaceは「一見」という意味

488
swear
[swέər] Ⓡ

動 誓う；断言する；ののしる
活用：swear-swore-sworn

He <u>swore</u> not to be late again.
彼は二度と遅れないと誓った。

💡 もともと「神様に向かって話す」という意味で、
「誓う」のも「ののしる」のも神様へ向けた言葉
swear to God（神にかけて誓う）は重要表現！

489
sweep
[swíːp] ⓇⓈ

動 掃く；さっと運び去る
活用：sweep-swept-swept

名 掃き掃除；一掃

Week 3 ①

She <u>swept</u> the floor clean.
彼女は床をきれいに掃いた。

💡 カーリングでリンクをブラシで磨くことを
スイープ（sweep）という

490
telescope
[téləskòup] Ⓡ

名 望遠鏡
動 順にはめ込む；短縮する
類 microscope 名 顕微鏡

I observed the planets with an astronomical <u>telescope</u>.
天体望遠鏡でその惑星を観測した。

💡 scope には「鏡、〜を見る器械」という意味があり、他にこれを使った単語に
microscope（顕微鏡）やkaleidoscope（万華鏡）などがある

491 thumb
[θʌ́m] Ⓥ Ⓢ

名 親指；卵状
動 親指を痛める；不器用にやる

He held his <u>thumb</u> and forefinger apart.
彼は親指と人差し指を離した。

 コンピューター用語の「サムネイル」とは、
「親指(thumb)の爪(nail)のように小さい」
という意味

492 toe
[tóu] Ⓥ Ⓢ

名 つま先；足の指
動 つま先で触れる；つま先で歩く

I have a pain in my <u>toe</u>.
つま先に痛みがある。

 バレエの靴のことを「トー(toe)シューズ」
という

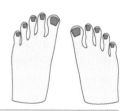

493 transport
[Ⓐtrænspɔ́:rt Ⓑtrǽnspɔ:rt] Ⓡ Ⓦ

動 運ぶ；追放する(≒ convey, transfer)
名 (軍用)輸送機
transportation 名 輸送

The cruise ship <u>transports</u> the passengers abroad.
客船が乗客を外国へ運んでいる。

 trans(越えて)+port(港)→transport
公共の交通機関はpublic transportation
という

494 tropical

[trάpikəl]

形 熱帯(地方)の；熱烈な
名 熱帯植物

The <u>tropical</u> cyclone passed through the continent with a strong wind.

熱帯低気圧が強風を伴って大陸を通過した。

💡 「トロピカルジュース」とは「熱帯地方で
採れる果物で作ったジュース」のこと

495 unique

[juːníːk]

形 唯一の；独特の

Kate is <u>unique</u>. She is so different from everyone else.

ケイトは独特だ。他の人とは違う。

💡 uniqueとは他にはないuni(一つ)の存在である
様子で、uniを含む他の言葉にはuniform(ユニ
フォーム)やunicycle(一輪車)などがある

496 universe

[júnəvə̀ːrs]

名 宇宙；全世界；領域
universal **形** 普遍的な；全世界の

The <u>universe</u> is considered to have begun with the Big Bang.

宇宙はビッグバンから始まったと考えられ
ている。

💡 space も宇宙だが、universe のように
「世界、世界観」といった意味はない

Week 3

①

497 welfare

[wélfèər] **V R L**

名 幸福；福利；生活保護

The government plans to introduce a new system of <u>welfare</u>.

政府は福祉の新制度を導入する計画を立てている。

💡 最近では「ウェルフェア・サービス」などと日本語にも取り入れられている

498 within

[wiðín] **V R W S**

前 ～以内で；～の中に
副 内側に

I will finish the report <u>within</u> three days.

私はこのレポートを3日以内に終えるつもりだ。

💡 within the building(ビルの中に)などのように、時間だけでなく空間の内側も表す

499 wrist

[ríst] **V S**

名 手首(の関節)；手先の力(技)

He took a glance at his wristwatch[<u>wrist</u> watch].

彼は腕時計をちらりと見た。

💡 a wrist watchは手首にするので「腕時計」

500

zone

[zóun] Ⓡ

名 地帯；区域；領域

This area is a smoke-free zone.

ここは禁煙の区域です。

 野球の「ストライクゾーン」でもすっかり定番に
なっている言葉
テーマパークも園内が「○○ゾーン」に分かれて
いたりする

Week 3

①

Review Quiz 5

日本語に合うように、空所に英単語を入れましょう。

1. 政府は福祉の新制度を導入する計画を立てている。

The government plans to introduce a new system of _____.

2. 映画がとても退屈だったので、寝てしまいそうだった。

The movie was so _____ that I almost fell asleep.

3. 彼女高収入だ。

She has a high _____.

4. 物理学の基本原理が分からない。

I don't understand the _____ principles of physics.

5. 私は牛乳アレルギーなので、それを飲むことはできません。

I am _____ to milk so I can't drink it.

6. その家は郊外にある。

The house is _____ in the suburbs.

7. コーヒーをこぼさないように気を付けてね。

Be careful not to _____ your coffee.

8. 風邪でせきが止まらない。

I can't stop _____ due to a cold.

9. このスープは嫌な味がする。

This soup has a _____ taste.

10. 桜が満開だ。

The cherry blossoms are in full _____.

11. 彼女の仕事はとてもストレスが多かったので辞めることにした。

Her job was so stressful that she decided to _____ it.

12. あかりを消して、電力を節約しよう。

Turn the light off and save _____.

正解　1. welfare　　4. fundamental　7. spill　　10. bloom
2. boring　　5. allergic　　8. coughing　11. quit
3. income　　6. located　　9. nasty　　12. electricity

英検準２級合格を確実にする
重要単語200をマスター！

501

affair

[əféər] ℝ

名 (公的・政治的な)事柄；事情；関心事

I am interested in world affairs.

世界情勢に興味がある。

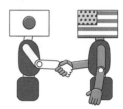

💡 private affairs は「個人的なこと」、
love affairs は「恋愛関係」

502

ambulance

[ǽmbjuləns] Ⓥ Ⓛ

名 救急車

Call an ambulance!

救急車を呼んで!

💡 米国で救急車を呼ぶには911(nine, one, one)
に電話!

503

announce

[ənáuns] Ⓥ Ⓛ

動 公言する；発表する
announcement **名** 発表；声明

They announced their engagement at the party.

かれらはパーティーで婚約を発表した。

💡 日本でも駅や店での「アナウンス」、
ニュースの「アナウンサー」でおなじみ

504
annual
[ǽnjuəl]

形 年に一度の；一年間の

The annual meeting is held in June.
6月に年に一度の会合が開かれる。

💡 an anniversary(アニバーサリー、年に一度の記念日)などと同じ語源を持つ言葉

505
apparent
[əpǽrənt]

形 明らかな；外見上
apparently 副 見たところは〜らしい

Week 3 (2)

The fact is apparent to everyone.
その事実は誰の目にも明らかだ。

💡 「現れる、見えてくる」を意味する動詞の appearから来ている

506
assignment
[əsáinmənt]

名 任務；課題
assign 動 割り当てる

You need to turn in your assignment on time.
あなたは課題を期日に提出する必要がある。

💡 assignmentsは「割り当てられた課題」、homeworkは「学校で与えられる宿題」のこと

507 attitude

[ǽtitùːd] Ⓥ

名 態度；姿勢

He had a friendly <u>attitude</u> toward me.

彼は私に親切な態度で接してくれた。

💡 attitude は「心構えの表れとしての態度」、behavior は「行動としての態度」
バレエの「アティテュード」は美しい姿勢を見せる技法

508 barrier

[bǽriər] Ⓥ

名 障害；壁

We worked hard to overcome the language <u>barrier</u>.

私たちは言葉の壁を乗り越えようと努力した。

💡 「横木（bar）で作った柵」から、「障害」という
意味が生まれた

509 blow

[blóu] Ⓥ

動 （風が）吹く；〜を吹き飛ばす
活用：blow-blew-blown

The wind <u>blows</u> from the north to the south.

北から南に風が吹く。

💡 美容院での「シャンプー・ブロー」はシャンプーしてドライヤーの風で髪を整えること
ボクシングの「ボディーブロー（腹へのパンチ）」のように、「一撃」という意味もある

510 **bride**
[bráid] V

名 花嫁
bridal 形 花嫁の；結婚の

We sent a gift to the <u>bride</u> and groom.
私たちは新郎新婦へ贈り物を送った。

💬 ブライダル業界とは結婚式に関するサービスを
行う業界を指す

511 **brief**
[brí:f] V R

形 簡潔な；短い
briefly 副 手短に

I left a <u>brief</u> note on the kitchen table.
台所のテーブルに簡単なメモを残した。

💬 "We will soon make a brief stop at ~."
（まもなく～で停車します）は新幹線の
アナウンスでおなじみ！

512 **category**
[kǽtəgòri] R

名 範ちゅう；分類；カテゴリー
categorize 動 分類する

Dogs and cats belong to the same <u>category</u>.
犬と猫は同じ分類に属する。

💬 SNS投稿での「カテ違い」という表現はこの言葉から
よく似た意味を表す言葉にはgroup（グループ、群れ）、class（クラス、階級）、type（タイプ、類型）などがある

Week 3 (2)

513 caution

[kɔ́ʃən] V

名 用心；警告
動 警告する

cautious 形 用心深い

Caution! The floor is wet!

警告！ 床が濡れています！

💡 CAUTION → WARNING → DANGER の
順に、より深刻な警告となる

514 charming

[tʃάːrmiŋ] V

形 魅力的な

charm 名 魅力；お守り
charm 動 魅了する

She is wearing a charming smile.

彼女は魅力的な笑顔をしている。

💡「チャームポイント」は和製英語で、英語では
charming features や most attractive
features などと表現する

515 chew

[tʃúː] V L

動 よくかんで食べる

Chew your food properly.

食べ物をよくかんで食べなさい。

💡 a chewing gum(チューイングガム)は
この言葉から来ている

516 closet

[klázit] ⓥⓇⓛ

名 押入れ；クローゼット

Put your clothes in your <u>closet</u>.

服をクローゼットに片付けなさい。

💡 小さな閉じ(close)られた場所のことで、主に備え付けの収納スペースを指す「洋服ダンス」はwardrobe(ワードローブ) という。
トイレを意味するWCはWater Closetを略したもの

517 colleague

[kálí:g] ⓥⓇ

名 同僚；仲間

My <u>colleague</u> is from Taiwan.

私の仕事の同僚は台湾出身だ。

💡 共に(co)同盟(league) を結んでいる人々のイメージ

518 commit

[kəmít] ⓥⓇ

動 (罪などを)犯す；委任する

He <u>committed</u> a crime and went to jail.

彼は罪を犯して刑務所に入った。

💡 com(完全に)+mit(送る)→「(全面的に)委ねる」
完全にのっぴきならない状態に陥っているイメージから、「罪を犯す」という意味も持つようになった

519 conscious
[kánʃəs] **V R**

形 意識のある；意識的な
反 unconscious 形 無意識の

She is health-<u>conscious</u> and eats fruit every day.
彼女は健康意識が高く、毎日果物を食べる。

subconsciousは「潜在意識の」という意味
バブル期に流行した「ボディコン (ボディー・コンシャス)」は体のラインを意識した服を指す

520 context
[kántekst] **R**

名 文脈；(社会的な)背景

We should look at the event in a historical <u>context</u>.
歴史的背景の中でその出来事を見るべきだ。

con(共に)+text(織る)→合わさってつながっている様子→「前後関係」を表す
textは言葉によって織り出されるから、「本文」という意味を持つ

521 cooperate
[kouápərèit] **V R**

動 協力する
cooperation 名 協力

It is better for us to <u>cooperate</u> with each other.
我々にとってはお互いに協力する方が良い。

co(共に)+operate(働く) →「協力する」という意味になる

522

corporation

[kɔ̀rpəréiʃən] **V R**

名 企業;法人
corporate 形 法人の;団体の

My brother works for a large American corporation.

私の兄はアメリカの大企業に勤めている。

💡 株式会社〇〇コーポレーションのように、
日本の会社名にもよく用いられている

523

craft

[krǽft] **R L**

名 工芸;技術;船

I sell my goods at a craft market.

手工芸品市場で自分の商品を販売する。

💡 クラフトは手を使う技術を指す

524

creature

[kríːtʃər] **V**

名 生き物;架空の動物
create 動 創造する

Be kind to all living creatures.

あらゆる生き物に優しくあれ。

💡 create(生み出す)→creation(クリエイション、
創造)→creature(生き物)とつながる

Week 3
②

201

525

cruel
[krúːəl] **V R**

形 残酷な；無慈悲な
cruelty **名** 残酷さ；残虐な行為

Please don't give him a cruel punishment.
どうか彼に残酷な罰を与えないでください。

💡 ディズニー映画『101匹わんちゃん』の悪役Cruella（クルエラ）の名前は
cruelに由来する

526

cupboard
[kʌ́bərd] **L**

名 食器棚

Take out the dishes from the cupboard.
食器棚からお皿を出してよ。

💡 カップ（cup）を置く台（board）だから「食器棚」
発音に注意！"p" は発音しない
「まな板」のことは a cutting [chopping] boardと言う

527

destiny
[déstəni] **V**

名 運命；必然性

I believe in destiny.
私は運命を信じる。

💡 a destinyは「（どちらかというと良い）運命」、
a fateは人の力ではどうにもならない「宿命」、
a doomは「（破滅的な）運命」のこと

528
detail
[dí:teil]

名 詳細；細部

Check the details of the plan.
計画の詳細を確認せよ。

💡 「ディテールにこだわる」のような使い方で、
日本でもファッションや建築などに関連して
よく用いられる

529
device
[diváis]

名 装置；方策

devise[diváiz] 動 考案する；工夫する

Week 3
(2)

I cannot live without digital devices such as smartphones and tablet computers.
私はスマホやタブレットなどのデジタル機器なしでは生きていけない。

💡 名詞(device)と動詞(devise)の違い注意！

530
dig
[díg]

動 (地面などを)掘る；(埋まっているものを)掘り当てる
活用：dig-dug-dug

A dog dug a hole in the garden.
犬が庭に穴を掘った。

💡 食卓でのLet's dig in! は「さあ、(がつがつ)
食べよう！」という意味
野球場の「ダグアウト(選手控え席)」は半地下
に掘りこまれて(dug)いる

531 disaster

[dizǽstər]

名 災害；大惨事

Millions of people are affected by natural <u>disasters</u> every year.

毎年、何百万人もの人々が自然災害に見舞われる。

💡 幸運の星 (aster) から離れた (dis) 状態を意味している言葉
自然災害には earthquakes (地震)、drought (干ばつ)、floods (洪水)、hurricanes (ハリケーン) などがある

532 document

[dάkjumənt]

名 書類；文書

Print a copy of the <u>document</u>.

書類のコピーを取りなさい。

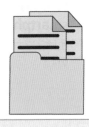

💡 「ドキュメンタリー映画」とは記録に基づいて作った映像作品を指す

533 duty

[dúːti]

名 義務；任務；関税

<u>Duty</u>-free goods are sold at airports.

免税品は空港で売られている。

💡 当然支払われるべき (due) もの=「関税」ということ
義務に対して権利は right、一緒に覚えておこう！

534
eager
[íːgər] V

形 熱心な;熱望している

He is eager to study abroad.
彼は留学することを熱望している。

💡 edge(刃先、へり)の関連語。鋭くとがったイメージから、「集中して熱心な様子」につながる
be eager to do(しきりに~したがっている)は必須表現!

535
edge
[édʒ] R

名 端;瀬戸際

Week 3
②

Be careful of the sharp edge of the blade.
鋭い刃先に気をつけなさい。

💡 スキーやスノーボードの板の縁を「エッジ」と呼ぶ
その他、「端」を表す表現にはborder(境界線)、rim(ふち)、verge(瀬戸際)などがある。

536
enclose
[inklóuz] R

動 (建物などを)囲む;同封する

I will enclose a check in the letter.
手紙に小切手を同封します。

💡 en(中に)+close(閉じる)→「同封する」
という意味になる

537 encourage

[inkə́ːridʒ] **V** **R**

動 (人を)励ます；(〜を)促進する

Rain <u>encourages</u> the growth of plants.

雨は植物の成長を促進する。

💡 「勇気(courage)を奮い立たせる」という意味の言葉
発音とつづりに注意！I'm in college.(私は大学在学中だ)と I'm encouraged.(私は励まされた)を聞き間違えないで！

538 essential

[isénʃəl] **V** **R**

形 重要な；必要不可欠な

Water is <u>essential</u> for life.

生命にとって水は不可欠である。

💡 本質(essence)に関するもの→「本質的に重要なもの」

539 evidence

[évid(e)ns] **R**

名 証拠；証言；兆候
evident **形** 明白な；明らかな

There is no scientific <u>evidence</u> for that.

そのことに関する科学的証拠は一つもない。

💡 「外に(e)あらわれて、見える(vid)もの」なので「兆候」という意味になる

540 fabric

[fǽbrik] **V**

名 織物；織り方

Gunma prefecture is famous for its silk <u>fabric</u>.

群馬県は絹織物で有名だ。

👉 ベッドカバーなどの布製品のことを「ファブリック」と呼ぶ
類語にcloth(クロス、布)、textile(テキスタイル、布地)などがある

541 fiction

[fíkʃən] **R L**

名 作り話；小説；虚構

Week 3
(2)

My favorite science <u>fiction</u> movie is *Star Wars*.

私が好きなSF(空想科学)映画は『スターウォーズ』だ。

👉 ドラマに「この話はフィクションです。実在の人物・団体等とは一切関係あり
ません」と表示されることがある
non-fiction(ノンフィクション)は「実話」のこと

542 financial

[finǽnʃəl, fai-] **V R**

形 財政の；金融の
finance **名** 財政；財力

The company asked the government for <u>financial</u> support.

その企業は政府に金融支援を求めた。

👉 *the Financial Times*(フィナンシャルタイ
ムズ)は経済・金融情報に強い英字新聞

543 frost

[frɔst] **L**

名 霜；厳しい寒さ

Can you see the <u>frost</u> on the window?
窓に霜が降りているのが見えるかい。

💡 「フロストガラス」は、すりガラスを滑らかに加工した
ガラスで、霜が降りたように半透明になっている
コーンフレークの「フロスト」は、霜のように薄く砂糖
などでコーティングされたもの

544 function

[fʌ́ŋkʃən] **R**

名 機能；役割；作用
動 機能する

The main <u>function</u> of the heart is to pump blood.
心臓の主要な機能は血液を送り出すことだ。

💡 パソコンのキーボードにあるF1からF12まで
のキーを「ファンクションキー」と言い、それぞ
れのキーが様々な機能を備えている

545 generation

[dʒènəréiʃən] **R**

名 世代；発生
generate **動** 生じる；生み出す

The tradition is passed down to the younger <u>generation</u>.
その伝統は若い世代に受け継がれる。

💡 generation gap（ジェネレーションギャップ）とは「世代間のずれ」
「代々」はfrom generation to generation

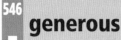
546

generous

[dʒénərəs] ℝ🔵

形 寛大な；豊富な
generosity **名** 気前のよさ

I'm very lucky to have a <u>generous</u> grandfather like you.

私はあなたのような寛大な祖父を持って、とても幸せです。

💡 「高貴な gener(生まれ)」だから、「寛大である」
a generous amount of space は「豊富なスペース」

547

global

[glóubəl] ℝ🔵

形 地球規模の；全体的な
globalization(米)/-sation(英) **名** 国際化

Write an essay on <u>global</u> warming in 200 words.

地球温暖化についての作文を200語で書け。

💡 勘違いに注意！ glove [glʌv] は「手袋」、globe は「地球(儀)」

548

guess

[gés] 🅥ℝ🔵

動 推測する；(答えなどを)思いつく

I <u>guess</u> you are right.

私はあなたが正しいと思います。

💡 Guess what? (何だと思う?)は、聞き手の興味を引こうとするときの表現
guessing game(当てっこゲーム)は質問をして答えを推測する、英会話教室などで人気のゲーム

549
independent
[indipéndənt] Ⓥ Ⓡ Ⓛ

形 独立した
independence **名** 独立

Thailand remained <u>independent</u> through the colonial period.

タイは植民地時代、独立したまま残った。

💡 頼る(depend)ものがなく、独立している状態

550
innocent
[ínəsənt] Ⓥ Ⓡ

形 無罪の；無邪気な
innocence **名** 潔白；無邪気

He has an <u>innocent</u> baby face.

彼は無邪気な童顔をしている。

💡『イノセント・ワールド』は日本のバンド
Mr. Childrenの1994年の大ヒット曲

551
instruct
[instrʌ́kt] Ⓥ

動 指示する；教育する
instruction **名** 指示
instructor **名** 指導者

I have <u>instructed</u> her how to do the work.

彼女に仕事のやり方を指示してある。

💡「頭の中に(in)構築する(struct)」から、
「教育する」という意味になる

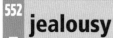
552

jealousy
[dʒéləsi] Ⓥ

名 嫉妬；ねたみ

His success invited their jealousy.
彼の成功は彼らの嫉妬を招いた。

💡 「ジェラシーを感じる」などのフレーズで、日本語の中にも定着している

553

license 《英》licence
[láisəns] ⓇⓁ

名 許可；免許
動 〜を認可する

Week 3
②

I got a driver's license last year.
私は去年、運転免許を取得した。

💡 イギリスでは品詞によりlicence(名詞)とlicense(動詞)を使い分ける
映画『007消されたライセンス』は公開時、イギリスではLicence to Kill、ア
メリカではLicense to Killとつづられた

554

liquid
[líkwid] ⓋⓇⓁ

形 液体の；流動性の
反 solid **形** 個体の

Water is liquid at room temperature.
水は室温では液体だ。

💡 日本でも液体の事を「リキッド」と呼ぶが、
本来の発音は「リクウィド」に近い

555
load
[lóud]

名 積み荷；負担
動 積み込む

You are carrying a heavy load.
君は重い荷物(負担)を背負っている。

💡 "Loading..."(読み込み中…)はPCゲームなどを読み込んでいる最中に画面によく出る表示
a road(道)との聞き間違いに注意！

556
maintain
[meintéin]

動 維持する；保守する
maintenance 名 維持；メンテナンス

The police maintain peace and order in the city.
警察は街の平和と秩序を維持する。

💡 「手(main)の中に保持する(tain)」→「保守する」
「メンテナンス」は機械や建物の保守管理の意味で、日本でもよく使われる言葉

557
majority
[mədʒɔ́rəti]

名 大多数
形 大多数の
major 形 多数の；専攻の
反 minority 名 少数派 形 少数の

The majority of people agree with the idea.
大多数の人々がそのアイデアに賛成だ。

💡 主要で(major)あること→「大多数」
アメリカの「メジャーリーグ」は「ビッグリーグ(大リーグ)」とも呼ばれる

MAJORITY

558

manner
[mǽnər]

名 方法；態度

She has a good <u>manner</u> of speaking.
彼女は話し方がきれいだ。

💡 複数形のmannersは「礼儀作法、マナー」を意味する
マナー・ハウス(manor house)はmanor(荘園)領主の邸宅のことで、mannerとは全く別の言葉

559

minimum
[mínəməm]

名 最低限；最小量
形 最小の
反 maximum 名 最大限 形 最大限の 副 最大限に

Dogs need to be fed a <u>minimum</u> of twice a day.
犬には最低限一日に２回エサをやる必要がある。

💡 miniは非常に小さい事を表し、ミニチュア、ミニスカートなど、日本でも当たり前に用いる言葉

560

minister
[mínəstər]

名 大臣；牧師
ministry 名(イギリスや日本の政府の)省

Who is the new Prime <u>Minister</u>?
新しい総理大臣は誰ですか。

💡 元々の意味は「召使い」で、そこから「(国家や神に)仕える者」→「大臣」を意味するようになった
日本の「外務省」はthe Ministry of Foreign Affairsという

Week 3 (2)

561 minority

[mainɔ́:rəti] ℝ

名 少数派；少数民族
形 少数の
minor 形 少ない方の；重大でない
反 majority 名 大多数 形 大多数の

He belongs to a small <u>minority</u> group.

彼は少数民族に属している。

💡 社会的少数者を「マイノリティー」というが、
少数であっても、立場の強い者をそう呼ぶこと
はあまりない

562 negative

[néɡətiv] ⓋⓇ

形 否定の；消極的な
反 positive 形 肯定的な；積極的な

What are the <u>negative</u> effects of smoking?

喫煙の悪影響は何でしょうか。

💡 対立する相手を非難する活動を「ネガティブ・
キャンペーン」という

563 nuclear

[njúkliər] ⓇⓁ

形 原子力の
名 核兵器

There are no <u>nuclear</u> power plants in that country.

あの国には原子力発電所はない。

💡 nuclear weapons(核兵器)にはatomic bombs(原子爆弾)や
hydrogen bombs(水素爆弾)などが含まれる
化学兵器はchemical weaponsという

564

origin

[ɔ́rədʒin] Ⓡ

名 起源；始まり
original 形 元々の

Many scientists are studying the origin of life.

多くの科学者が生命の起源を研究している。

💡 アクセントに注意しよう！
数学用語だと「（座標の）原点」を指す
「オリジナル」は日本語になっている

565

outer

[áutər] Ⓡ

形 外側の；周辺の
反 inner 形 内側の

Week 3
②

The rocket was launched into the outer space.

ロケットは大気圏外（宇宙空間）に打ち上げられた。

💡 ファッション用語で上着を「アウター」、
中に着るものを「インナー」という

566

path

[pæθ] Ⓡ

名 小道；進路

We walked on the garden path.

私たちは庭の小道を歩いた。

💡 pathは「踏まれて自然にできた小道」のことで、
roadは「舗装された道路」、streetは「建物が両
側にある道」という具合に使い分ける

567
penalty
[pénəlti] Ⓡ

名 処罰；罰金

I had to pay a penalty for speeding.
私はスピード違反の罰金を払わなくてはならなかった。

💡 「ペナルティーゴール」とはラグビーで
相手側の反則が起因となった得点のこと

568
persist
[pərsíst] Ⓥ Ⓡ

動 貫き通す；粘り強く残る
persistence 名 固執；粘り強さ
persistent 形 しつこい；永続的な

He persists in saying NO.
彼はあくまでもノーと言う。

💡 「困難や反対に関わらず、その姿勢や態度など
を取り続ける」というニュアンスがある

569
pile
[páil] Ⓥ Ⓡ

名 積み重ね；堆積
動 積み重ねる

Look at that pile of papers!
あの書類の山（積み重ね）を見て！

💡 a pile[piles] of ~ で「多量の〜」という意味で、
椅子が積み重なっている様子なら a pile of chairs

570

pioneer
[pàiəníər] R

名 先駆者；開拓者
動 開拓する

He was a pioneer in the computer industry.
彼はコンピューター業界の先駆者だった。

💡 アクセント注意!
語源は「足の(pion)人(eer)」で、足の人→道を切り開き歩く人→「先駆者」
the pioneer(frontier) spirit は「開拓者精神」という意味

571

potential
[pəténʃəl] V R

名 潜在能力；可能性

He has potential as a leader.
彼にはリーダーとしての能力がある。

💡 potentialは「秘めた能力」、
abilityは「できる能力」、
talentは「何かに秀でた能力」

572

practical
[præktikəl] V R

形 実用的な；現実的
practice 名 実行；練習
反 academic 形 理論的な

I asked him for practical advice.
私は彼に実践的なアドバイスを求めた。

💡 類義語はrealistic(現実的な)、useful(有用な)、actual(実際の)など
practical jokesとは「(言葉の冗談でなく、実際に人を驚かせたりするような)悪ふざけ」のこと

Week 3
(2)

217

573 previous
[príːviəs] **V R**

形 先の；以前の
反 following 形 次の；以下の

I'm sorry, but I have a previous appointment.

ごめんなさい。先約があります。

💡 時間・順序において「前に来る場合」に用いる

574 principal
[prínsəpəl] **R**

名 校長；主役
形 主要な

The pupils respect the principal.

生徒たちは校長先生を尊敬している。

💡 principle（原則）とよく間違えるので注意！

575 prison
[prízən] **R**

名 刑務所；牢屋

He spent eight years in prison.

彼は8年間、刑務所で過ごした。

💡 アメリカの脱獄者のドラマ『プリズン・ブレイク』は日本でも大ヒットした
jail も「牢屋」を表すが、prison は刑期が長い場合に使う

576
profit
[prάfət] **V R L**

名 利益；もうけ
profitable **形** 有益な

The company made a <u>profit</u> in the end.
その会社はとうとう利益を上げた。

💡 事業が前に (pro) 進む→「利益が出る」
make a profit [loss] は「利益 [損益] を出す」という意味

577
refreshing
[rifréʃiŋ] **R W S**

形 気分をすっきりさせる；すがすがしい
refresh **動** (気分などを) 新たにする

Week 3
②

I stood on the hill and felt a <u>refreshing</u> breeze.
私は丘に立ち、すがすがしい風を感じた。

💡 「再び (re) 生き生き (fresh) となる様子」を指す言葉
「リフレッシュする」という表現は日本語でも
よく使う

578
religious
[rilídʒəs] **R**

形 宗教の；信仰の厚い
religion **名** 信仰；宗教

The <u>religious</u> ceremony took place in the church.
宗教の儀式が教会で行われた。

💡 religion は、宗教に限らず、その人が「魂を捧げて打ち込んでいること」を指す場合がある
Violin is her religion. なら「バイオリンは彼女の生きがいだ」

579 remote
[rimóut] **R S**

形 遠い；遠隔の

We are getting used to the <u>remote</u> work lifestyle.

私たちはリモートワーク（遠隔で行う仕事）の
生活様式に慣れてきている。

💡 テレビの「リモコン（a remote controller)」や
「リモート授業」など、完全に日本語化している

580 reserve
[rizə́:rv] **V R L**

動 予約する；保留する
reservation **名** 予約

We need to <u>reserve</u> a room in the hotel.

私たちはホテルの部屋を取っておく必要がある。

💡 その他、serve（取っておくこと）が含まれることに言葉にpreserve（保存す
る）がある
ボトルのリザーブ（取り置き）は日本語になっている

581 resource
[rí:sò:rs, -zò:rs] **R**

名 資源；財源

Congo is rich in natural <u>resources</u> including gold, diamonds, and copper.

コンゴは金・ダイヤ・銅などの天然資源が豊富だ。

💡 「再び（re）湧き出る（source)もの」という意味
発音とアクセントに注意！
「人材（人的資源)」はhuman resource

582

responsibility

[rispὰnsəbíləti] Ⓥ Ⓡ Ⓛ

名 責任；責務

responsible 形 責任がある；信頼できる

Take <u>responsibility</u> for your own actions.

自分の行動に責任を持て。

💡 責任を持って「返答 (respons→response) できること」が言葉の由来
類義語は duty (義務)、obligation (恩義) など

583

riddle

[rídəl] Ⓡ

名 謎；難問
動 謎を解く

Can you solve this <u>riddle</u>?

この謎を解けますか。

💡 riddle は「言葉を介する難問」で、puzzle は
ジグソーパズルなど「言葉を使わない難問」
も表す

Week 3

②

584

scholar

[skάlər] Ⓡ

名 学者；奨学生
scholarship 名 奨学金

I want to be a research <u>scholar</u>.

私は研究者になりたい。

💡 「学校 (schol→school) に関係する人」という意味

585 senior

[síːnjər] Ⓡ Ⓦ Ⓢ

形 年長の；上級の
名 先輩；高齢者
反 junior 形 年下の

He is two years <u>senior</u> to me.
彼は私の2歳年上だ。

💡 高齢者のことを senior citizens と言う
a senior executive は「上級経営幹部」のこと

586 sensible

[sénsəbəl] Ⓥ Ⓡ

形 賢明な；分別のある

He made a <u>sensible</u> decision.
彼は賢明な決断をした。

💡 「知覚(sense)ができる(able)」ことから、
「分別がある様子」という意味が生まれた

587 sensitive

[sénsətiv] Ⓥ Ⓡ

形 敏感な；繊細な

Take good care of your baby's <u>sensitive</u> skin.
赤ちゃんの敏感肌をちゃんとお手入れしましょう。

💡 「感じる(sense)傾向にある(-itive)」という意味

588
significant
[signifikənt] **V** **R**

形 重要な；大幅な

There are <u>significant</u> changes in our lives.
私たちの生活に重要な変化がある

💡 発音に注意！
sign(サイン、兆し)が目に見えて現れているイメージ
「重要な」→「意味のある」→「意味ありげな」などの意味も持つ

589
solar
[sóulər] **R** **L** **W**

形 太陽の

Week 3
②

I bought a <u>solar</u>-powered watch.
私はソーラーパワー(太陽光発電)で動く時計を買った。

💡 solは太陽のこと
「ソーラー発電」や「ソーラーカー」などで日本語にも
定着している

590
specialize 〈英〉specialise
[spéʃəlàiz] **R**

動 ～を専門にする；～を特殊化する
special 形 特別の；専門の

Dr. Yoshino <u>specializes</u> in chemistry.
吉野博士は科学を専門にしている。

💡 特別(special)な物事を扱うので「専門」となる
specialize in~は「(大学院等で)専攻している」、major in~は「(大学で)専
攻している」となる

591 structure

[strʌ́ktʃər] **V**

名 構造；建造物

The building has a wooden <u>structure</u>.

その建物は木の構造を持つ。

💡「組み立てる(struct)こと」から来ている

592 tale

[téil] **R**

名 話；物語

***The <u>Tale</u> of Genji* is said to be the world's oldest novel.**

源氏物語は世界最古の長編小説だと言われている。

💡「語る」を意味する動詞tellと関連のある言葉
tail(しっぽ)と同じ発音だが、つづりは異なるので、注意！

593 thus

[ðʌ́s] **R W S**

副 だから；それゆえに(≒therefore)；このように

He didn't study and <u>thus</u> failed the exam.

彼は勉強しなかった、ゆえに、試験に落ちた

💡発音注意！
前の文につなげる時、"~, thus…"というのは英作文頻出ミス！正しくは例文のように"~ and thus…"とするか、セミコロンをつけて"~; thus"などとする
同じ「だから」を意味するsoは口語的なので、英作文での乱用に注意！

594
traffic
[trǽfik]

名 交通；交通量

Turn right at the next <u>traffic</u> lights.
次の交通信号機の所を右に曲がってくれ。

💡 「交通量が多い[少ない]こと」は
heavy [light] trafficと表現する

595
trash
[trǽʃ]

名 ゴミ；がらくた

Throw away the <u>trash</u> in the trash can.
くず入れにゴミを捨てなさい。

💡 主にアメリカで用いられ、イギリスではrubbishが一般的
throw awayという表現と共に覚えておこう！ 二次試験でよく出る！

596
usage
[júːsidʒ]

名 使用法；語法；慣用

How can we reduce the <u>usage</u> of water?
どうすれば水の使用を減らせるだろうか。

💡 意味の由来を分解すると、「使用(us)の過程(age)」となる
発音に注意！

597 venture

[véntʃər] ⓇⓇ

图 (予測できない冒険的)事業

He has just started a new venture.

彼は新たな事業を始めたところだ。

💡 「ベンチャーキャピタル」とはベンチャー企業
に出資する投資会社のこと
adventureは一般的な冒険を指す

598 victim

[víktim] ⓋⓇⓁ

图 犠牲；被害者

She offered flowers to the victims of the war.

彼女は戦争の犠牲者に花を供えた。

💡 fashion victims(ファッション中毒)のように、魅力に圧倒されてとりこに
なった人のことも指す

599 volcano

[vɑlkéinou] Ⓡ

图 火山
volcanic 形 火山の

Mt. Fuji is an active volcano.

富士山は活火山だ。

💡 富士山はかつて休火山(a dormant volcano)と
されていたが、1960年代からは、噴火の記録のあ
る火山は全て活火山と呼ばれるようになった

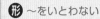
600
willing
[wíliŋ] **V R**

形 ~をいとわない

I'm <u>willing</u> to take a risk.

危険を冒すことをいとわない。

「意思 (will) を持って行う様子」を指し示す言葉

Week 3

②

Review Quiz 6

日本語に合うように、空所に英単語を入れましょう。

1. 彼は罪を犯して刑務所に入った。

He _____ a crime and went to jail.

2. 生命にとって水は不可欠である。

Water is _____ for life.

3. 新しい総理大臣は誰ですか。

Who is the new Prime _____?

4. あなたは課題を期日に提出する必要がある。

You need to turn in your _____ on time.

5. 私はあなたのような寛大な祖父を持って、とても幸せです。

I'm very lucky to have a _____ grandfather like you.

6. ロケットは大気圏外(宇宙空間)に打ち上げられた。

The rocket was launched into the _____ space.

7. 我々にとってはお互いに協力する方が良い。

It is better for us to _____ with each other.

8. 私たちの生活に重要な変化がある。

There are _____ changes in our lives.

9. 台所のテーブルに簡単なメモを残した。

I left a _____ note on the kitchen table.

10. 警察は街の平和と秩序を維持する。

The police _____ peace and order in the city.

11. ごめんなさい。先約があります。

I'm sorry, but I have a _____ appointment.

12. 何百万もの人々が毎年、自然災害に見舞われる。

Millions of people are affected by natural _____ every year.

正解　1. committed　　4. assignment　　7. cooperate　　10. maintain
　　　2. essential　　　5. generous　　　8. significant　　11. previous
　　　3. Minister　　　6. outer　　　　9. brief　　　　12. disasters

228

教 育

examination
試験 p. 22

assignment
課題 p. 195

grade
成績 p. 99

degree
学位 p. 133

education
教育 p. 56

graduate from school
学校を卒業する p. 62

scholar
学者 p. 221

term
学期 p. 44

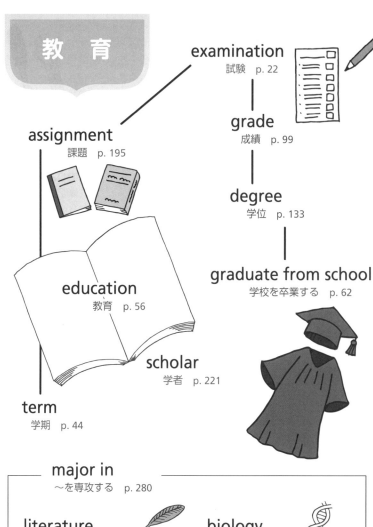

major in
〜を専攻する p. 280

literature
文学 p. 174

biology
生物学 p. 128

chemistry
化学 p. 54

geography
地理学 p. 98

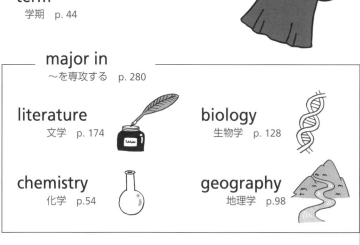

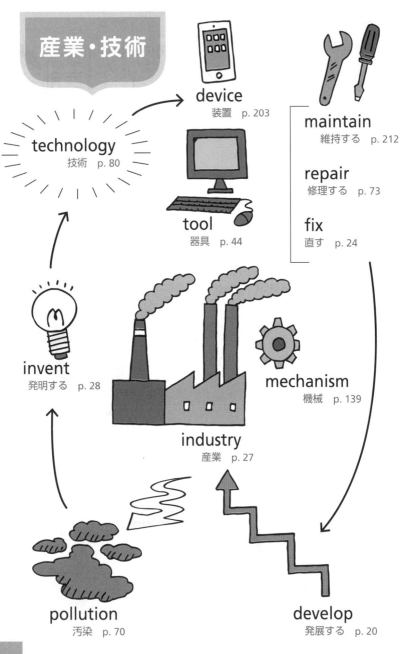

産業・技術

device
装置 p. 203

maintain
維持する p. 212

repair
修理する p. 73

fix
直す p. 24

technology
技術 p. 80

tool
器具 p. 44

invent
発明する p. 28

mechanism
機械 p. 139

industry
産業 p. 27

pollution
汚染 p. 70

develop
発展する p. 20

環境・資源

climate change
気候変動　p. 54

global warming
地球温暖化　p. 209

disaster
災害　p. 204

earthquake
地震　p. 96

thunder
雷鳴　p. 114

storm
嵐　p. 112

protect the environment
環境を守る　p. 35

natural resources
天然資源　p. 220

water
水

solar energy
太陽エネルギー　p. 223

rare metal
レアメタル (希少金属)　p. 145

健康・医療

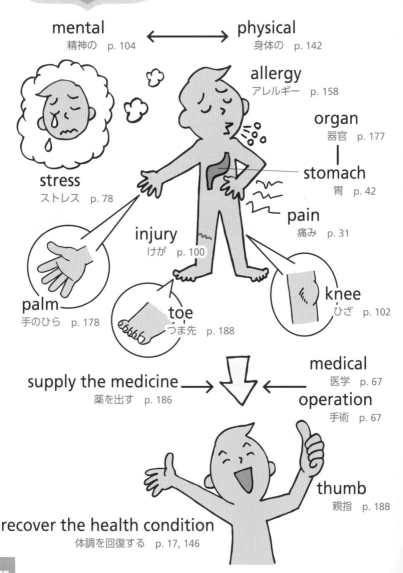

mental
精神の　p. 104

physical
身体の　p. 142

allergy
アレルギー　p. 158

organ
器官　p. 177

stomach
胃　p. 42

stress
ストレス　p. 78

pain
痛み　p. 31

injury
けが　p. 100

knee
ひざ　p. 102

palm
手のひら　p. 178

toe
つま先　p. 188

medical
医学　p. 67

supply the medicine
薬を出す　p. 186

operation
手術　p. 67

thumb
親指　p. 188

recover the health condition
体調を回復する　p. 17, 146

英検準2級合格必須

動詞イディオム100

have

601	have A in common (with B) Ⓥ	Aを(Bと)共通に持つ
602	have ~ in mind ⓋⓁ	～を考えている
603	have a headache ⓋⓁⓈ	頭痛がある
604	have no idea ⓋⓇⓁⓈ	まったく分からない
605	have trouble [difficulty] ~ing ⓋⓁⓈ	～するのに苦労する
606	have nothing to do with ~ ⓋⓁ	～と何も関係がない

We have a lot in common.
私たちには共通点がたくさんある。

💡 have nothing in common (共通点が何もない)、have something in common(何か通じるものがある)などの表現もある

What do you have in mind?
何を考えているのですか。

💡 have someone in mindは「心に決めた人がいる」

I have a headache. Can I go home?
頭痛があります。家に帰っていいですか。

💡 ache は「(鈍い)痛み」のことで、stomachache(腹痛)などの表現もよく使われる

I have no idea what to do next.
私は次に何をすればよいのか、まったく分からない。

💡 idea(考え)が全く浮かばない様子。have no time は「全く時間がない」

She had trouble communicating in English.
彼女は、英語で意思の疎通をするのに苦労した。

💡 have a hard time ~ingともいう

He has nothing to do with the crime.
彼はその犯罪とは何ら関係がない。

💡 He doesn't have anything to do with the crime. で言い換え可能。何か関係がある場合はhave something to do with~となる

get

607	get A back from B ⓥⓇⓁ	BからAを取り戻す
608	get A to do ⓥⓁ	Aに〜させる（してもらう）
609	get along with ~ ⓥⓁ	〜と仲良くやっていく
610	get away from ~ ⓥⓁ	〜から離れる
611	get better ⓥⓁⓈ	（体調などが）良くなる
612	get lost ⓥⓁⓈ	道に迷う
613	get married to ~ ⓥⓇⓁ	〜と結婚する

I'll get my money back from the thief.

泥棒からお金を取り返すぞ。

💡 Get back! は「後ろに下がれ!」

I got my brother to help me with my homework.

私は兄に宿題を手伝ってもらった (手伝わせた)。

💡 「Aに～させる[してもらう]」の get A to do は have A do と共に必須表現!

The couple will get along with each other.

あの二人はお互い仲良くやっていくだろう。

💡 共に (with ~)寄り添う(along)状態を能動的に手に入れ(get)ていること

Let's get away from here.

ここから脱出しよう。

💡 stay away from ~ (～を避ける)よりも緊急性がある時に使う

Week 4

①

I hope you'll get better soon.

すぐに (あなたの体調が)良くなるといいね。

💡 get worseは「(体調などが)悪くなる」

We got lost in the forest.

私たちは森の中で道に迷った。

💡 Get lost! は「失せろ!」という強い言葉

She wants to get married to the prince.

彼女は王子様と結婚したいと思っている。

💡 marry ~ (～と結婚する)と言い換えられる。Will you marry me? で「結婚してくれる?」

614

get out of ~

Ⓥ Ⓛ Ⓢ

～から出る；～から降りる

615

get over ~

Ⓥ Ⓛ

～を乗り越える

616

get rid of ~

Ⓥ

～を取り除く；～を追い払う

617

get together

Ⓥ Ⓛ

集まる；集める

come

618

come across ~

Ⓥ

～とばったり出会う

619

come around

Ⓥ Ⓡ

巡り来る；向きを変える

620

come close to ~

Ⓥ Ⓡ

～に接近する

Get out of my car right now.
直ちに私の車から降りなさい。

💡 二次試験の描写問題によく出る表現！ get on ~（〜に乗る）、get in ~（〜に乗り込む）などもチェックしておこう

We must get over this difficulty.
我々はこの困難を乗り越えなければならない。

💡「超えて（over）行く」ということ。1語で言うと overcome など

How can I get rid of my fat?
どうすればぜい肉（脂肪）を取り除くことができるのだろう。

💡 rid だけでも「〜を除去する」という意味を成す。do away with ~ も同意表現

All members got together in front of the station.
メンバー全員が駅の前に集まった。

💡 一緒に（together）いる状態を手に入れる（get）→「集まる」を意味する

I came across an old friend of mine.
昔の友達とばったり出会った。

💡 Aさんの進行方向を「横切って（across）」Bさんが「来る（come）」と、2人は「出会う」

Winter is coming around again.
また冬が巡り来る。

💡 円（round）に沿って回ってくるイメージ

Come close to the heater and get yourself warm.
ヒーターの近くに来て、温まりなさい。

💡 I came close to believing him.（危うく彼を信じるところだった）など、「危うく〜しそうになる」という意味で使われることもある

621	come down	V L	下がる；降りてくる；取り壊される
622	come out	V L	(外へ)出る；現れる；咲く；公になる
623	come to ~	V L	～に達する；～のところへやって来る
624	come true	V R	実現する
625	come up with ~	V L	～を考え出す

go

626	go ahead	V L	先に進む
627	go along with ~	V	～に同意する；～と共に進む

Cinderella came down from upstairs.

シンデレラは階段の上から降りてきた。

💡 downは「下へ」の動きが感じられる語句。come-downは「下落、失望」

Cherry blossoms come out in spring.

桜の花は春に咲く（出てくる）。

💡 物や人、症状、結果などが表立って出てくること。どこから出てくるのかを表す場合はcome out of[from] ~（〜を[から]出てくる）

We finally came to the conclusion.

我々はとうとう結論に達した。

💡 come up to ~「(期待など)に沿う、〜に達する」という表現もある

Your dream will come true someday.

あなたの夢はいつかかないます（実現する）。

💡 真実に(true)なる→「実現する」。日本のバンド、ドリカム(DREAMS COME TRUE)の名前の由来

Edison came up with a great idea.

エジソンは素晴らしいアイデアを考え出した。

💡 上に(up)湧き上がってくるイメージ。come up against ~は「(問題など)に直面する」

Week 4

①

Please go ahead and eat first.

どうぞ先に食べ（進め）てください。

💡 Go ahead.は、先に進んだり、何かを始めたり、発話したりするのを促す、会話での頻出表現

The company decided to go along with the plan.

会社はその計画に同意することを決めた。

💡 get along with ~（〜とうまくやる）が「何とか得る (get)」であるのに対し、こちらは「寄り添い進む (go)」というイメージ

628	go on a trip	V R L	旅行する

629	go through ~	V R L	～を通り抜ける；～を経験する

630	go with ~	V L	～と一緒に行く；～と調和する

631	go wrong	V R L	うまくいかない；誤った方に進む

make

632	make a decision	V L	決定する；決心する

633	make a difference	V L	違いが生じる；効果がある

634	make a mistake	V L S	間違う

I'll go on a trip to Europe next summer.

来年の夏、ヨーロッパに旅行するつもりだ。

go on a picnic(ピクニックに行く)、go on a date(デートする)などもよく使われる表現！

I went through a lot of trouble last year.

私は昨年、多くの困難を経験した。

困難な経験に用いることが多い。go through with ~は「~をやり遂げる」

This bag goes with the red dress.

このかばんはその赤いドレスに合う (調和する)。

一緒に (with) 問題なく進んでいく→「調和」

I don't know where we went wrong.

私たちがどこからうまくいかなくなったのか、私にはわからない。

Something has gone wrong with my computer. で「何だかパソコンの調子が悪い」となる。「うまくいく」はgo well

---

She needed a week to make a decision.

彼女は決心するのに一週間を要した。

単に決定する(decide)というよりも、いろいろ考えた末に決めるというニュアンスを含む

Believe in yourself, and you can make a difference in your life.

自分を信じること、そうすればあなたの人生は違ってくる (効果がある)。

make no differenceで「違いがない、どちらでも良い」

I made a mistake in the calculation.

計算を間違えた。

mistakeは動詞としても使える。mistake A for Bで「AをBと間違う」

635	make a noise V L	大きな音を立てる；騒ぐ
636	make a speech V L	スピーチをする
637	make an appointment [a reservation] V L	予約を取る
638	make it V S	うまくやる；回復する；間に合う
639	make sense V L	(話や考えなどの)筋が通っている
640	make sure (that)~ V R L	必ず~になるように確認する；確実になるようにする
641	make the most of ~ V	~を最大限に活用する
642	make up for ~ V R L	~を償う；~の埋め合わせをする

Don't make a noise in the library.
図書館で騒いではいけません。

make a noise about ~ は「~に関して不満を言う」、「不平に対して声を上げる」という意味を持つ

He made a speech at the wedding.
彼は結婚式でスピーチをした。

give a speech、deliver a speechなども同様の意味で用いられる

You should make an appointment with the doctor by phone.
電話で医師に予約を取るべきだ。

appointment は医師などとの面会の予約、reservation はホテルなどの場所の予約を指す

If you hurry, you can make it.
急げば、間に合うよ。

口語的な表現。I made it! は「やった!」

Her story doesn't make sense at all.
彼女の話はまったく筋が通っていない。

Make sense?(分かりますか?)は、聞き手の理解を確認する表現

Make sure the door is locked.
ドアをきちんと閉めておくように。

Make (Be) sure to lock the door は「ドアのロックを単に確認する」のではなく、「必ずドアを(自分で)ロックせよ」という意味

How do you make the most of your time?
あなたはどうやって時間を有効活用しますか。

make the best of ~ は「与えられたものを最大限に活用する」という意味

I'm sorry. I'll make up for this.
申し訳ない。この埋め合わせはするよ。

make it up to youとも言う

643	make up one's mind **V R**	決心する
644	make use of ~ **V R**	~を使用[利用]する

do

645	do a good job **V L**	うまくやり遂げる
646	do away with ~ **V R**	~を処分する；~を廃止する
647	do one's best **V L S**	最善を尽くす
648	do well **V L**	好結果を出す；よくやっている
649	do without ~ **V L**	~なしで済ます

I can't make up my mind about my career.

私は自分の進路を決めることができない。

decide、determineなどが同じ意味で使われる

Local people make good use of forest resources.

地元の人々は森林資源をうまく利用する。

一語で言うとutilize「(有効に)利用する」。useは単に「使用する」という意味

You really did a good job!

君は実によくやったよ。

健闘や努力をねぎらい、Good job!(よくやった!)という声掛けをする

The store did away with plastic bags.

その店はレジ袋(の配布)を廃止した。

あちらへ(away)やる→「捨てる」。get rid of ~(~を取り除く)も同様の意味で用いられる

I will do my best to study English.

英語の勉強に最善を尽くします。

よく日本語の「頑張ります」の対訳とされるが、do one's bestは無理しない範囲でのベストである

He's doing well at college.

彼は大学でよくやっている(成績が良い)。

仕事、学業において好調であることや健康が回復した状態などを表す

How can I do without you?

あなたなしでどうすればいいの。

without 以下が明らかな場合は省略可。There's no sugar, so we'll have to do without.(砂糖がないから、なしで済ませないと)

take

650
take A back to B
V L
AをBに戻す

651
take[mistake] A for B
V R
AをBだととらえる[間違える]

652
take a break
V L
休憩をとる

653
take a deep breath
V L
深呼吸する

654
take[have] a look at ~
V L
~をちらりと見る

655
take a nap
V L
昼寝をする；ひと眠りする

656
take[have] a seat
V L
席に座る

I took the book back to the library yesterday.
昨日、その本を図書館に返却しました。

💡 こちらからあちらへと持って行き、元に戻すこと

Do you take me for a fool?
あなたは私をばかだと思っているのか。

💡 ここではforは「〜として」という意味。I take a lesson for beginners.(初心者向けのレッスンを受ける)のときのforは「〜のための」

Let's take a break for a while.
しばらく休憩をとりましょう。

💡 take a breakは「仕事などを止めて一旦休む」こと、take a rest(休息をとる)は「疲れを回復させるために休憩する」こと

Take a deep breath and relax.
深呼吸をして、リラックスしましょう。

💡 take a shallow breathは「浅く息を吸い込む」、hold one's breathは「息を止める」

Please take a look at the picture.
ちょっとこの写真を見てください。

💡 look at 〜(見なさい)と違って、take a look at 〜は「ちょっと見てください」

Take a nap, my sweet baby.
お昼寝しようね、私のかわいい赤ちゃん。

💡 短い間眠ることであって、夜間しっかり眠る時には使わない

Take a seat and have some coffee.
座って、コーヒーでも飲みなさい。

💡 seatは「座席、座部」、chairは「(背もたれのある一人用の)椅子」のこと

Week 4 ①

657	take advantage of ~ V R	~を利用する
658	take after ~ V	~に似ている；~をまねる
659	take care of ~ V R L W S	~の世話をする；~に気を付ける
660	take into account ~ V	~を考慮に入れる
661	take off ~ V S	離陸する；~を脱ぐ
662	take over ~ V	~を引き継ぐ；~を奪う
663	take part in ~ V R L W S	~に参加する
664	take place V R S	行われる；起こる

You should take advantage of this chance.

君はこのチャンスを利用するべきだ。

💡「活用する」と「つけこむ。悪用する」のように、良い意味と悪い意味がある

My daughter takes after me.

私の娘は私に似ている。

💡 親や先祖などに似ている様子を表す

Would you take care of my dog while I'm away?

私が留守の間、犬の世話をしていただけますか。

💡 Take care of yourself.(お大事に、気を付けて)は別れ際によく言う言葉

We will take into account your suggestions.

私たちはあなたの提案を考慮に入れるつもりです。

💡「計算(account)に入れる」ということ
take A into account [consideration](Aを考慮に入れる)は必須表現!

Please take off your shoes before entering the house.

家に入る前に靴を脱いでください。

💡 事業だと「人気が出る」という意味になる

He took over his father's business.

彼は父親の商売を引き継いだ。

💡 takeoverは「企業買収」を指す

Students took part in volunteer activities.

生徒らはボランティア活動に参加した。

💡 割り当て(part)を得て、一員となること

The next meeting will take place on Friday.

次の会議は金曜日に行われる予定だ。

💡 take placeは「(重要なことや計画されたことが)起こる」、happenは「(突発的なことが)起こる」

Week 4

①

give

665	give a hand	手を貸す
	V L	

666	give back ~	返す；元に戻す
	V L	

667	give out ~	~を配布する；~を公表する
	V R L	

668	give up	あきらめる
	V	

look

669	look after ~	~の世話をする；~の管理をする
	V L	

670	look down on ~	~を見下す
	V	

Could you give me a hand?
手を貸してもらえませんか。

💡 Give me a hand! (手を貸して!) は日常よく使う表現

She never gave back my money.
彼女は決して金を返さなかった。

💡 Give it back to me! (それを私に返しなさい!) やPut it back. (元に戻しなさい) などもよく使われる表現

You shouldn't give out information without permission.
許可なしに情報を公表すべきではない。

💡 「配布する」という意味では、hand out、pass outも重要!

Never give up on something you really want.
自分が本当に望むことは決してあきらめるな。

💡 give-up(ギブアップ、断念、譲歩)は日本語としても定着している

Week 4

①

She looks after the kids all day.
彼女は一日中子供たちの世話をする。

💡 後を (after) 見る (look) →「世話をする」。take care of ~ で言い換え可能

Don't look down on the poor.
貧しい人々を見下すな。

💡 下に (down) 見ている→「見下す」。look up to ~ (~を尊敬する) とセットで覚えよう!

671	look for ~ Ⓥ Ⓡ Ⓛ Ⓢ	～を探す
672	look forward to ~ing Ⓥ Ⓡ Ⓛ Ⓦ Ⓢ	～するのを楽しみにしている
673	look into ~ Ⓥ Ⓡ	～の中を見る；調査する
674	look out Ⓥ Ⓛ	気を付ける；外を見る
675	look over ~ Ⓥ Ⓛ	～にざっと目を通す；～を見渡す
676	look through ~ Ⓥ Ⓡ	～を素早く読み通す；～を見ないふりをする
677	look up to ~ Ⓥ Ⓡ	～を尊敬する
678	look up ~ Ⓥ Ⓛ	～を見上げる；～を調べる；検索する

I'm looking for my key.
私は鍵を探しています。

🔑 目的物に向かって (for)、よく見て探すイメージ

I'm looking forward to seeing you again.
また会えるのを楽しみにしています。

🔑 I'm looking forward to your reply.(お返事楽しみにしています)のように、to の後は名詞句でもよい

Look into my eyes and tell me you love me.
私の目をよく見て、愛してるって言ってよ。

🔑 視線や興味が中へ (into) 向かうイメージ

Look out for bees!
蜂に気を付けて。

🔑 look out (of) the window は「窓から外を見る」

I will look over the document.
書類にざっと目を通しておきます。

🔑 全体に渡って (over) 見るから、「ざっと目を通す」や「見渡す」につながる

I looked through the book and found it boring.
私はその本をさっと読んで、つまらないと思った。

🔑 車で素早く通り抜けて買い物する「ドライブスルー」。「スルーする」は無視すること。それらのイメージで意味をつかもう!

Everyone looks up to the president in that country.
その国ではみんなが大統領を尊敬する。

🔑 ここでは to は前置詞で、to が不定詞だと look up to see the stars(星を見ようと見上げる)

Look up the word in the dictionary.
辞書でその言葉を調べなさい。

🔑 up(上に)が入ることで、「見上げる」「意味を調べ上げる」という意味になる

Week 4

①

keep

679	**keep in mind that ~** Ⓥ Ⓛ	～だと覚えておく；～を肝に銘じる
680	**keep an eye on ~** Ⓥ Ⓛ	～を見張る；～を見守る
681	**keep in touch with ~** Ⓥ Ⓡ	～と連絡を取り続ける
682	**keep on ~ing** Ⓥ Ⓛ	～し続ける
683	**keep one's word [promise]** Ⓥ	約束を守る
684	**keep up with ~** Ⓥ	～に遅れを取らない；～についていく

Keep in mind that **time is money.**
時は金なりということを肝に銘じなさい。

have in mindは「心にある(考えている)」こと、keep[bear] in mindは「心に留めておく」こと

Parents should keep an eye on **their children.**
親は子供を見守らなければならない。

眼差し(eye)をそこに留める(keep)→「見張る」。1語で言うとwatch など

She still keeps in touch with **her friends from high school.**
彼女は高校の友達とまだ連絡を取っている。

Keep in touch.(また連絡してね)は会話やメールでよく使う!

Keep on go**ing! You're doing well!**
進み続けて! いい調子(よくやっている)!

onは進行中であることを表す。同様のonを含む表現にgo on、carry onなどがある

I trust him because he always keeps his word.
彼はいつも約束を守るので、彼を信頼しています。

break one's word[promise](約束を破る)も合わせて覚えよう!

I cannot keep up with **technological developments.**
技術の進歩についていくことができない。

「情報についていく、把握する」という意味から「(誰かと)連絡を取り続ける」という意味も表す

Week 4

①

bring

685	bring A to B	BにAを持ってくる[連れて くる]
☐ ☐	**V** **L**	

686	bring about ~	~(という結果)をもたらす
☐ ☐	**V**	

687	bring back ~	~を戻す;~を持って帰る
☐ ☐	**V**	

688	bring up	~を育てる;話題を持ち出す
☐ ☐	**V**	

put

689	put ~ back together	~を元通りにする
☐ ☐	**V** **L**	

690	put ~ in order	~を順番に並べる
☐ ☐	**V**	

I brought my son to the office today.

今日は、息子を職場に連れてきた。

💡 brought(bring の過去・過去分詞形)とbought(buyの過去・過去分詞形)は読み間違えやすいので注意！

Her decision will bring about a big change.

彼女の決意は大きな変化をもたらすだろう。

💡 produce、cause などで言い換えることが可能。bring about a change(変化をもたらす)は必須表現！

Please bring back all library books by the end of the week.

図書館の本を全て今週中に返却してください。

💡 持ってきて戻すイメージで、1語で言うとreturn など

My parents brought up ten children.

私の両親は10人を育て上げた。

💡 bring up the subjectで「話題を持ち出す」

Week 4

①

The vase is broken into pieces. Let's put them back together.

花びんがバラバラに割れている。それを元通りにしよう。

💡 バラバラになったものを集めて直すイメージ

Put the words in order and write correct sentences.

単語を順に並べ替え、正しい文章を書きなさい。

💡 順序(order)よく配置する様子を表している

691	put away ~ Ⓥ ⓇⓁⓈ	～を片付ける
692	put down ~ Ⓥ ⓇⓁⓈ	下に置く；書き留める
693	put into practice ⓋⓇ	実行に移す
694	put off ~ ⓋⓇ	～を先延ばしにする；(明かりを)消す
695	put on ~ Ⓥ ⓇⓁⓈ	～を身に着ける
696	put out ~ Ⓥ	(火など)を消す；外に出す
697	put up with ~ Ⓥ	～に耐える

Put away **your toys.**
おもちゃを片付けなさい。

💡 あちらに (away) 置く→「片付ける」。Put it away.(それ、片付けなさい)という言い回しは日常よく使われる

Put down **your name and address here.**
ここに名前と住所を書きなさい。

💡 put down the phone は「電話を切る」

The project was put into practice.
その計画は実行に移された。

💡 put into effect[action] (実施する[行動に移す]) という表現も重要!

The meeting was put off **for a week.**
会議は一週間延期された。

💡 put off the light は「明かりを消す」

Put on **your jacket. It's cold outside.**
上着を着なさい。外は寒いわよ。

💡 put on weight は「太る」の意味。「～を脱ぐ」は take off ~

Firefighters put out **the fire quickly.**
消防士は素早く火を消した。

💡 自分の範囲の外に (out) 出す→「(目の前から)消す」

I can't put up with **his rude behavior.**
彼の失礼なふるまいに耐えられない。

💡「耐えられない」という表現は他に I can't stand it! など

break

698	**break down**		崩れる；壊れる；〜を壊す
☐ ☐		**V** **R**	

699	**break out**		(突然に)起こる；吹き出る
☐ ☐		**V** **R**	

700	**break up**		崩壊する；分裂する
☐ ☐		**V**	

She broke down into tears.
彼女は泣き崩れた。

💡 壊れ(break)て、下に(down)崩れるから。break down a fense(柵を壊す)やbreak down food(食物を分解する)も重要!

The war broke out.
戦争が勃発した(突然起こった)。

💡 break out in anger[tears](突然、怒り[泣き]だす)も覚えよう!

She broke up with him.
彼女は彼と別れた。

💡 「離別する」、「解散する」、「(霧が)晴れる」など、何かが壊れて離れるイメージ

Review Quiz 7

日本語に合うように、空所に英単語を入れましょう。

1. 彼はその犯罪とは何ら関係がない。

He ＿＿＿＿ ＿＿＿＿ ＿＿＿＿ ＿＿＿＿ ＿＿＿＿ the crime.

2. 君は実によくやったよ。

You really ＿＿＿＿ ＿＿＿＿ ＿＿＿＿ ＿＿＿＿!

3. 私は昨年、多くの困難を経験した。

I ＿＿＿＿ ＿＿＿＿ a lot of trouble last year.

4. 進み続けて！　いい調子（よくやっている）!

＿＿＿＿ ＿＿＿＿ ＿＿＿＿! You're doing well!

5. 我々はこの困難を乗り越えなければならない。

We must ＿＿＿＿ ＿＿＿＿ this difficulty.

6. 次の会議は金曜日に行われる予定だ。

The next meeting will ＿＿＿＿ ＿＿＿＿ on Friday.

7. 彼の失礼なふるまいに耐えられない。

I can't ＿＿＿＿ ＿＿＿＿ ＿＿＿＿ his rude behavior.

8. 自分を信じること、そうすればあなたの人生は違ってくる。

Believe in yourself, and you can ＿＿＿ ＿＿＿ ＿＿＿ in your life.

9. 手を貸してもらえませんか。

Could you ＿＿＿＿ ＿＿＿＿ ＿＿＿＿ ＿＿＿＿?

10. エジソンは素晴らしいアイデアを考え出した。

Edison ＿＿＿＿ ＿＿＿＿ ＿＿＿＿ a great idea.

11. 彼女の決意は大きな変化をもたらすだろう。

Her decision will ＿＿＿＿ ＿＿＿＿ a big change.

12. 辞書でその言葉を調べなさい。

＿＿＿＿ ＿＿＿＿ the word in the dictionary.

正解　1. has nothing to do with　4. Keep on going　7. put up with　10. came up with
2. did a good job　5. get over　8. make a difference　11. bring about
3. went through　6. take place　9. give me a hand　12. Look up

Week 4 ②

英検準2級合格必須

イディオム100

701	a number of ~ V R L W	多くの~；複数の~
702	according to ~ V R L W S	~によると
703	across from ~ V R S	~の向かいに
704	all (the) year round V	一年中
705	apart from ~ V	~は別として；~から離れて
706	as usual V L	いつも通り；相変わらず
707	as ~ as possible V R L W S	できる限り~
708	at a loss V R	途方に暮れて

A number of **people are waiting for the bus.** 多くの人々がバスを待っている。	💡 a number of people は複数扱いだが、the number of people（人々の数）は単数扱いなので混同しないように！
According to **the passage, how can visitors get information about the town?** 本文によると、観光客はどうやって街の情報を入手するのでしょうか。	💡 二次面接で必ず出る表現！
The bank is across from **the supermarket.** 銀行はスーパーの向かいにある。	💡 十字（cross）に交差した位置関係 sit across from each other で「向かい合って座る」
You can ski all year round **in Switzerland.** スイスでは一年中スキーができる。	💡 all year、all year long などの言い方もある
Apart from **the weather, it was a great trip.** 天気は別として、素晴らしい旅だった。	💡 other than ~、aside from ~ などの言い方もある
He was late for school as usual. 彼はいつも通り遅刻した。	💡 As usual. だけで「いつものことね」となる
Please contact me as soon as **possible.** できる限りすぐに私に連絡をください。	💡 as ~ as you can「（あなたが）できるだけ~」もよく使われる
I was at a loss **for words.** 私は途方に暮れて、言葉が出なかった。	💡 loss（喪失）感の真っただ中にいるイメージ

Week 4

②

709	**at least** V R	少なくとも
710	**at most** V R	多くても；せいぜい
711	**at present** V R	現在；今のところ
712	**be covered with ~** V R L	~で覆われている
713	**be done with ~** V L	~を終える
714	**be familiar with ~** V R L	~に詳しい；~に慣れ親しんでいる
715	**be impressed with ~** V R	~に感動する
716	**be inveloved in~** V	~に関わる；~に巻き込まれる；~に夢中になる

At least 50 people were at the party. 少なくとも50人がそのパーティーに参加していた。	💡 at+least(最も少ない)→最も少なくて→「少なくとも」
I guess she is seventeen **at most**. 彼女はせいぜい17歳だろう。	💡 at least(少なくとも)の逆の表現で、at mostは数や頻度がそれ以下であるということを表す
I have nothing to do **at present**. 私には今のところすることが何もない。	💡 at the present time(現代では)、at the present stage(現段階で)、at the moment(目下のところ)などの表現もある
The mountain is **covered with** snow. その山は雪で覆われている。	💡 coverd with a blanketが「毛布にくるまって」いるのに対し、coverd by a blanketは「毛布をかけられた」というニュアンス
I am **done with** my homework. 宿題は終わったよ。	💡 日常会話によく出てくる表現で、I'm almost done.は「あともう少しだ」、I'm not done yet.は「まだ終わっていないよ」
He is **familiar with** computers. 彼はコンピューターに詳しい。	💡 be familiar to ~は「~に親しまれている」
I was **impressed with** his kindness. 私は彼の優しさに感動した。	💡 be impressed with ~は「~で感動した」、be impressed by~は「~に深く感銘を受けた」で、後者のほうが意味が強い
The company is **involved in** the project. 会社はその計画に関わっている。	💡 He got involeved in the accident.なら「彼はその事故に巻き込まれた」

Week 4

②

269

717	be proud of ~ V L S	~を自慢に思う；~を誇らしく思う
718	be said to be ~ V R	~だと言われている
719	be satisfied with ~ V R	~に満足している
720	be short of ~ V	~が不足している
721	be tired[sick] of ~ V S	~に疲れた[うんざりしている]
722	be similar to ~ V L	~に似ている
723	be used to ~ing V R	~するのに慣れている
724	because of ~ V R L W S	~のために

You did great. I am **very** proud of you.

君はよくやった。君を自慢に思うよ。

💡 proudはpride(誇り、プライド)の形容詞形。I'm proud of you. は親が子供をほめる時によく使う言葉

Cleopatra is said to be **the most beautiful woman in the history.**

クレオパトラは歴史上、最も美しい女性だと言われている。

💡 S is said to be ~. は It is said that S is ~. で言い換え可能

I am satisfied with **my work.**

私は仕事に満足している。

💡 be very happy about ~ よりも意味が強い

We **are short of time.** We **must hurry.**

私たちには時間が足りない。急がねばならない。

💡 short(短い)→達していない→「不足」。run out of ~ (~を切らしている)、run short of ~ (~が足りない) などもチェック!

I'm tired of **waiting for him.**

彼を待つのに疲れてしまった。

💡 be tired of ~ は「~に飽きている」、be tired from ~ は「~で疲れている」という違いに要注意!

Week 4
②

You **are similar to your parents.**

あなたはご両親に似ている。

💡 「外見や中身が似ている」の意味で、look like、be likeより硬い表現

I am used to work**ing at night.**

私は夜間に仕事をすることに慣れている。

💡 used to do(以前はよく~したものだ; かつては~だった)との違いに注意! I used to work at night. は「私は以前は夜間に仕事をしたものだ」

The flight was delayed because of **bad weather.**

悪天候のため飛行機が遅れた。

💡 because ofの後は名詞もしくは動名詞で、becauseの後は主語+動詞

725	**by accident[chance]** ⓥⓡ	偶然に；たまたま
726	**can't help ~ing** ⓥⓡⓛ	～せずにはいられない
727	**carry out ~** ⓥⓡⓛ	～を実行する；～を成し遂げる
728	**catch up with ~** ⓥⓛ	～に追いつく
729	**change one's mind** ⓥⓡⓛ	気が変わる；考えを変えさせる
730	**depend on~** ⓥⓛⓦⓢ	～に頼る；～次第だ
731	**due to ~** ⓥⓡ	～が原因で；～する予定である
732	**either A or B** ⓥⓛ	AかBのいずれか

I met him on the street by accident.

私は偶然、通りで彼に出会った。

💡 反対の表現はon purpose(故意に)

I can't help falling in love with you.

君を愛さずにはいられない。

💡 It can't be helped. は「仕方がない」を意味する重要表現!

The team of researchers carried out the project.

研究者のチームはその計画を実行した。

💡 carry(運ぶ)+out(とことん)→「成し遂げる」となった表現

I worked hard to catch up with the class.

私は、クラスに追いつくために一生懸命頑張った。

💡 catch up with the runner [the news]で「走者[ニュース]に追いつく」。keep up with ~ は「~についていく」

I said I was not going, but I changed my mind.

行かないと言ったけど、気が変わった。

💡 make up one's mind(決心する)、have ~ in mind(~を考えている)など、mind(心)を使ったイディオムは多くある

Week 4
②

The future depends on what you do today. -Mahatma Gandhi

未来は今日、君が何をするか次第だ。―マハトマ・ガンジー

💡 It depends on the individual.(人それぞれ)は重要表現!

The accident was due to the driver's carelessness.

その事故は運転手の不注意が原因だった。

💡 caused by ~ で言い換え可能だが、due to ~ は直接の原因を表す

Either John or I will pick you up at the station.

ジョンか私のどちらかが駅に迎えに行く予定だ。

💡 neither A nor B(AとBのどちらも~ない)も要チェック!

733	enough to ~	V R L S	~するのに十分な
734	fall asleep	V L	寝入る；眠りにつく
735	for a while	V L	しばらくの間
736	for free	L	無料で
737	for fun	V L S	楽しみのために；遊びで
738	for sure	V	確かに
739	from now on	V R	これからずっと
740	from time to time	V R	時々

I am old enough to drive a car.
私は運転するのに十分な年齢に達している。

enough A to ~ は「~するのに十分なA」という意味で、enough time to read（読書するのに十分な時間）など

I fell asleep on the train and missed my stop.
私は電車で寝入って、乗り過ごしてしまった。

眠った状態（asleep）に落ちる（fall）ということ

Let's take a rest for a while.
しばらくの間、休憩を取りましょう。

in a while（すぐに）、after a while（しばらくして）も重要！

All you can drink for free!
無料で飲み放題！

for free of charge、for nothingとも言う

I want to take piano lessons for fun.
楽しみのためにピアノを習いたい。

just for fun（ただ楽しいから）とjustを加える場合も多い。for pleasureも同じ意味

Week 4 ②

No one knows for sure what happened to him.
誰も彼に何が起こったのか確かには知らない。

他にはcertainly、definitely（これは確信度が相当に強い）、surely（堅い表現）が使われる

I'll be more careful from now on.
これからは、もっと気を付けます。

今（now）から（from）ずっと続く（on）から。from then onは「それ以来」

Please come to see me from time to time.
時々、会いに来てくださいね。

from A to B（AからBまで）から、ある時からある時まで間隔を持ちつつ→「時々」

741	grow up ⓋⓇⓁⓈ	成長する；大人になる
742	had better ~ ⓋⓁ	～した方が良い
743	happen to ~ ⓋⓁ	たまたま～する；～に起こる
744	hear from ~ ⓋⓁ	～から便りがある
745	hold on ⓋⓁ	持ちこたえる；(少しの間)待つ
746	in a hurry ⓋⓁ	急いで
747	in addition ⓋⓇⓁ	さらに；加えて
748	in advance Ⓥ	前もって；先だって

I was born and grew up in Tokyo.
私は東京で生まれ育った。

💡 grow（育つ）の活用形はgrow-grew-grown。"I'm a grown-up（私は大人よ）!"は子どもが親によく言うセリフ

You had better hurry up and get ready.
急いで準備した方がいいよ。

💡 had better not ~（〜しない方が良い）も頻出表現！

I just happen to be lucky.
私はたまたま幸運なだけだ。

💡 突発的に起こる出来事がhappening（ハプニング）

I'm glad to hear from you.
あなたからの便りがあってうれしいです。

💡 誰かからニュースや情報などを受け取ること

Hold on a minute! I'll be right back.
ちょっと待っていて！　すぐに戻ってくる。

💡 電話の最中のHold on.は、「電話を切らずに待ってくれ」という意味

Sorry, I can't talk to you right now. I'm in a hurry.
ごめんね、今話せない。急いでいるの。

💡 Hurry up, or you'll be late.（急げ、でないと遅刻だ）のように、hurryは動詞として使われることが多い

She goes to school and studies hard. In addition, she has a job.
彼女は学校に通い、勉学に励んでいる。加えて、仕事もしている。

💡 同じ意味の表現にbesides、furthermore、moreoverなどがあるので、英作文で活用しよう！

You need to pay in advance to reserve a room.
部屋を予約するには前もって支払う必要がある。

💡 1語で言うとbeforehandとなる

749	**in any case** V	いずれにしても；ともかく
750	**in danger of ~ing** V R	～する危機に瀕して
751	**in fact** V R L	実際；実は
752	**in spite of ~** V R	～にもかかわらず
753	**in the end** V R	最終的に；結局
754	**in the middle of ~** V R	～の真ん中に；～の半ばに
755	**in the past** V R L S	昔；過去に
756	**in the world** V R L W S	世界中で；一体全体

I will let you know in any case.
いずれにせよ、あなたに知らせます。

💡 in that case(その場合)、just in case(念のため)なども要チェック!

Tigers are in danger of disappearing.
トラは絶滅の危機に瀕している。

💡「危機を脱する」はget out of dangerで、「危機を脱してもう安心だ」はbe out of danger

He was interested in writing. In fact, some of his writing is great!
彼は書くことに興味があった。実際、彼の書いたものには素晴らしい作品がある!

💡 事実(fact)を付け加えて、話の内容を補強したい時に用いる

He failed in spite of his great efforts.
彼は頑張ったにもかかわらず、失敗した。

💡 1語で言うとdespiteだが、in spite of ~は「~に反して」というニュアンスが強い

You'll be happy in the end.
あなたは最終的に幸せになるだろう。

💡 1語で言うとfinally、eventuallyなど

The hospital is in the middle of the city.
病院は市街地の真ん中にある。

💡 I'm right in the middle of something. は「今忙しくて手が離せない」

I have learned a lot about myself in the past few years.
私は過去数年の間に自分のことを多く学んだ。

💡 It's in the past.(過ぎたことだ)もよく使われる

What in the world are you talking about?
一体全体、君は何の話をしているんだい?

💡 nothing in the worldは nothing at all(全く~ない)と同じ意味

Week 4 ②

757	in time V L	間に合って；やがて
758	in trouble V L	困った状態で；問題を抱えて
759	just in case V L W	万が一の場合；念のため
760	leave ~ alone V	～を放っておく；～だけにする
761	leave A for B V R L	A を出て B に向かう
762	little by little V R	少しずつ
763	lose one's way V R	道を見失う
764	major in ~ V R	～を専攻する

I was just in time for the flight.
私はその飛行機にちょうど間に合った。

🔦 in(中に)なので「時間以内に」、on time は「時間どおりに」

Help me, I'm in trouble now.
助けて、私は今、困った状態にいる。

🔦 トラブルの真っただ中(in)にいる様子。危険の真っただ中で助けを求める時は Help me, I'm in danger now.

I'll check it again just in case.
念のため再度確認しておきます。

🔦 case(状況)を含むイディオムは他に in any case(とにかく)、case by case(個別に)など

Just leave me alone. I'm tired.
私を一人にしてくれないか。もう疲れたよ。

🔦 独り(alone)の状態に残す(leave)ということ

I'm leaving Osaka for Tokyo tomorrow.
私は明日、大阪を出て東京に向かいます。

🔦 leave A(Aを去る)、leave for B(Bに向けて出発する)の形でも用いられる

Week 4
②

She is getting better little by little.
彼女は少しずつ良くなっている。

🔦 step by step(一歩ずつ)という表現もある

They lost their way in the woods.
彼らは森の中で道に迷った。

🔦 be lost in ~ も同じ意味の表現。find one's way(たどり着く)、make one's way(前進する)などもチェック!

I major in law.
法律を専攻している。

🔦 アメリカの大学には主専攻科目(a major)と副専攻科目(a minor)がある
minor in ~ は「~を副専攻する」

281

765	neither A nor B Ⓥ	AとBのどちらも〜ない
766	no longer 〜 ⓋⓇ	もはや〜でない
767	on (the) average ⓋⓁ	平均して
768	on business ⓋⓁ	ビジネスで；仕事で
769	on earth ⓋⓁ	一体全体
770	on purpose Ⓥ	わざと；意図して
771	on sale ⓋⓇⓁ	販売中で；特価で
772	once in a while ⓋⓇ	時々；たまに

Neither you nor I know the truth.
あなたも私も真実を知らない。

> either A or B(AとBのどちらか)、both A and B(AとBの両方)も一緒に覚えよう!

We're no longer friends. You lied to me.
私たちはもう友達ではありません。あなたは私にうそをつきました。

> もうこれ以上長く(long)続けられないから

Japanese workers work 40 hours a week on average.
日本のワーカーは週に平均40時間働く

> work for an avarage of 40 hours とも言う

I went to Fukuoka on business.
仕事で福岡に行きました。

> on vacation は「休暇で」、「出張中」なら out of town on buisiness と言う

Where on earth did you get such a giant chocolate bar?
一体、どこでこんな巨大な板チョコを手に入れたのですか。

> in the world で言い換え可能

I'm sure he did it on purpose.
私は、彼がわざとやったと確信している。

> 目的(purpose)を持った上(on)で→「意図して」

His new album is now on sale.
彼の新しいアルバムは現在発売中だ。

> on sale は「発売中」と「特売で」の二つの意味がある。for sale は「売りに出されて」

I visit my grandparents once in a while.
私は時々、祖父母の家を訪ねる。

> 間(while)を置いて一度(once)ずつということ。from time to time も同じ意味

773	**out of date** 🅥🅛	時代遅れの；期限切れの
774	**out of order** 🅥🅛	故障して
775	**over and over (again)** 🅥🅡	何度も何度も繰り返し
776	**pay attention to ~** 🅥🅛	～に注意する；～に気を配る
777	**pick up** 🅥🅡🅛🅦🅢	手に取る；取りに行く；買う；車で迎えに行く
778	**point out ~** 🅥🅡	～を指摘する
779	**prefer A to B** 🅥🅛🅦🅢	BよりもAを好む
780	**provide A with B** 🅥	AにBを与える

The milk is out of date.

その牛乳は期限切れです。

情報や性能などが旧式であることも表す。His ideas are out of date.「彼の考えは時代遅れだ」

The machine is out of order.

その機械は故障している。

order(指令)が効かない状態。in order は「順序良く、正常な状態で」

She watches the same movie over and over.

彼女は同じ映画を何度も繰り返して観る。

言い換えると again and again、repeatedly など

You need to pay attention to the warning sign.

あなたは警告標識に注意する必要がある。

May I have your attention, please? は「お知らせします」と注意を集める表現

Pick up the phone, please. I'm busy now.

電話を取ってください。今、忙しいので。

Pick me up at the station. (駅に迎えに来て)、Pick up your toys.(おもちゃを拾いなさい) なども日常よくある表現

He pointed out the error in the document.

彼は書類の間違いを指摘した。

特に注意すべき点(point)を外に (out) 挙げて現すということ

I prefer coffee to tea.

私は紅茶よりコーヒーの方が好きだ。

like A better than B で言い換え可能

The school provides children with the opportunity to learn.

その学校は子供たちに学ぶ機会を与える。

provide 物 +for 人に書き換え可能

781	regard A as B **V R**	AをBだとみなす
782	regardless of ~ **V R**	~にかかわらず；~をかえりみず
783	remind A of B **V R L**	AにBを思い起させる
784	right away **V R**	すぐに；直ちに
785	run out of ~ **V L**	~を使い果たす；~を切らす
786	search for ~ **V L**	~をさがす；~を検索する
787	show up **V L**	現れる
788	side by side **V**	並んで；隣り合わせて

Many people regard him as a fool.

多くの人々が彼のことをばかだとみなしている。

硬い表現で、consider A as B で言い換えられる

Everyone is welcome, regardless of age.

年齢にかかわらず、皆さん大歓迎です。

regardless of gender なら「性別にかかわらず」

She reminds me of my mother.

彼女を見ると私は母を思い出す（彼女は私に母を思い起させる）。

再び(re)心に留める(mind)→「思い出させる」。思い出させる人や合図をreminder(リマインダー)という

I bought the book because I needed it right away.

直ちに必要だったので、その本を購入した。

right now(今すぐに)は過去形と一緒には用いられない

I ran out of money.

お金を使い果たしてしまった。

外に(out)流れて(run)、失われてしまったということ

Hunters have searched for the lost treasure.

ハンターたちは失われた財宝をさがし求めてきた。

searchはサーチライト(探索用照明)やサーチエンジン(検索エンジン)などでおなじみ

He showed up half an hour late to the party.

彼は30分遅れてパーティーに現れた。

約束の場所に現れる場合に用いる。1語で言うとappear、その反対語はdisappear(消える)

We walked side by side.

私たちは並んで歩いた。

next to each other(隣同士に)で言い換え可能

789	so far **V L R**	今のところ；ある限度まで
790	so ~ that … **V R W**	とても~なので…
791	sooner or later **V L**	遅かれ早かれ
792	stay up late **V R S**	遅くまで起きている；夜更かしする
793	such as ~ **V R W S**	例えば ~ など
794	thanks to ~ **V R**	~のおかげで
795	throw away ~ **V S**	~を捨てる；~を無駄にする
796	too ~ to … **V W S**	~すぎて…できない

She is doing great so far.
彼女は今のところ良くやっている。

💡 far(遠くに)は距離を感じさせる言葉で、「ここに至るまで」というイメージ

I'm so tired that I can't walk.
私はとても疲れているので、歩けない。

💡 too ~ to…(~すぎて…できない)で言い換えると、I'm too tired to walk.となる。…so that ~ は「~するため…」

He will come back sooner or later.
遅かれ早かれ、彼は戻ってくるだろう。

💡 時期は未定だが、いずれそうなると確信している時に用いる。1語で言うとeventually

I usually stay up late on Fridays.
私は、普段、金曜日には夜更かしをする。

💡 stay up all night(一晩中起きている)も覚えよう！

I like fairly tales such as *Cinderella*, *Snow White*, and *Little Red Riding Hood*.
私はおとぎ話が好きだ。例えば『シンデレラ』、『白雪姫』、『赤ずきん』などだ。

💡 例を挙げる時の表現は他にfor example[instance]があり、such as~は文中に用いるが、for example[instance]は文頭にも用いることができる

Week 4 ②

Thanks to your help, I finished my homework.
あなたの助けのおかげで、宿題が終わりました。

💡 Thank you for ~ing.(~してくれてありがとう)もチェックしておこう！

Throw away the trash.
ゴミを捨てなさい。

💡 投げて(throw)あちらへ(away)放るということ。二次対策で覚えておきたい表現！

This book is too difficult to understand.
この本は難しすぎて理解できない。

💡 too ~ for A to …(Aにとって…することは~すぎる)と、to…の動作主Aを表現することもある

797	turn out to be ~ Ⓥ Ⓡ	～だとわかる；～だという結果になる
798	used to ~ Ⓥ Ⓡ Ⓛ	以前はよく～したものだ
799	whether A or B Ⓥ Ⓛ	AであろうがBであろうが
800	without fail Ⓥ	常に；必ず；例外なく

She turned out to be a good singer.
彼女は歌が上手だということがわかった。

ひるがえって (turn) 判明するということ。turn out には「出席する、生産する、養成する」など様々な意味がある

I used to go shopping with my mother when I was little.
小さいころはよく母と買い物に行ったものだ。

be used to ~ (~に慣れている)との違いに注意!「ユーズド加工」などのused(中古の)とは発音が異なる

We cannot decide whether someone is good or bad.
私たちは誰が良かろうが悪かろうが、それを決めることはできない。

whetherとweather(天気)は同じ発音、リスニングで要注意!

I read every day without fail.
私は毎日必ず読書をする。

fail(失敗)は試験などの不合格を表し、アメリカの高校では落第点の試験に赤でFのマークが記されることも!

Review Quiz 8

日本語に合うように、空所に英単語を入れましょう。

1. その事故は運転手の不注意が原因だった。

The accident was _____ _____ the driver's carelessness.

2. 彼はその計画を実行した。

He _____ _____ the plan.

3. その機械は故障している。

The machine is _____ _____ _____.

4. 彼は努力にもかかわらず、失敗した。

He failed _____ _____ _____ his great effort.

5. 電話を取ってください。今、忙しいので。

_____ _____ the phone, please. I'm busy now.

6. 天気は別として、素晴らしい旅だった。

_____ _____ the weather, it was a great trip.

7. 私は、『シンデレラ』や『白雪姫』のようなおとぎ話が好きだ。

I like fairy tales _____ _____ *Cinderella* and *Snow White*.

8. 私はたまたま幸運なだけだ。

I just _____ _____ be lucky.

9. 年齢にかかわらず、皆さん大歓迎です。

Everyone is welcome, _____ _____ age.

10. 彼はコンピューターに詳しい。

He is _____ _____ computers.

11. あれらの大学生は平均して週に20時間勉強する。

Those college students study _____ _____ 20 hours per week.

12. 未来は今日、君が何をするか次第だ

The future _____ _____ what you do today.

正解	1. due to	4. in spite of	7. such as	10. familiar with
	2. carried out	5. Pick up	8. happen to	11. on average
	3. out of order	6. Apart from	9. regardless of	12. depends on

292